阅读成就思想……

Read to Achieve

热搜：搜索排名营销大揭秘

Win the Game of Googleopoly
Unlocking the Secret Strategy of Search Engines

【美】肖恩·布拉德利（Sean V. Bradley）著

孙焕君 译

中国人民大学出版社
·北京·

图书在版编目（CIP）数据

热搜：搜索排名营销大揭秘/（美）肖恩·布拉德利（Sean V. Bradley）著；孙焕君译. -- 北京：中国人民大学出版社，2018.7
书名原文：Win the Game of Googleopoly：Unlocking the Secret Strategy of Search Engines
ISBN 978-7-300-25778-5

Ⅰ.①热… Ⅱ.①肖… ②孙… Ⅲ.①网络营销 Ⅳ.① F713.365.2

中国版本图书馆 CIP 数据核字（2018）第 097377 号

热搜：搜索排名营销大揭秘
[美] 肖恩·布拉德利　著
孙焕君　译
Resou：Sousuo Paiming Yingxiao Dajiemi

出版发行	中国人民大学出版社			
社　　址	北京中关村大街 31 号		邮政编码	100080
电　　话	010-62511242（总编室）		010-62511770（质管部）	
	010-82501766（邮购部）		010-62514148（门市部）	
	010-62515195（发行公司）		010-62515275（盗版举报）	
网　　址	http://www.crup.com.cn			
	http://www.ttrnet.com（人大教研网）			
经　　销	新华书店			
印　　刷	天津中印联印务有限公司			
规　　格	170mm×230mm　16 开本		版　次	2018 年 7 月第 1 版
印　　张	12.5　插页 1		印　次	2019 年 5 月第 2 次印刷
字　　数	180 000		定　价	55.00 元

版权所有　　侵权必究　　印装差错　　负责调换

引 言 /1

第 1 章　无人问津抑或顾客盈门　/7

想要在搜索引擎首页占据一席之地，首先需要提高辨识度，确认自己的受众和优势。然后就是增加曝光度。与传统广告和营销方式相比，数字营销才是提高网络曝光度的性价比最佳的选择。

第 2 章　搜索就是一盘大富翁游戏　/23

数据显示95%的人都不会继续浏览搜索结果首页之后的内容，因此商户只有出现在第一页，才能拥有曝光度。

第 3 章　主导搜索结果首页的策略　/41

占据谷歌首页的搜索引擎优化策略就好比大富翁游戏，只有叠加使用各类资源，使搜索引擎优化策略多样化，才能主导搜索引擎的算法。

第 4 章　打造站内搜索引擎优化终极策略　/51

网站是流量产生的中心目标，可以有效提升曝光率，占据首页优势。网站为了提升搜索中的曝光度和排名需要考虑的主要因素有：域名、题目标签、标题标签、内容和链接等。

第 5 章　视频与视频搜索引擎优化　/83

比起其他媒体形式，人们更喜欢观看视频，因此视频搜索引擎优化至关重要。只需要最普通的摄像机、良好的音频设备、简单的视频编辑软件、精心设计的内容就可以打造出合理优化过的视频。

WIN THE GAME OF GOOGLEOPOLY

目录

第 6 章　社交媒体与社交媒体优化　/129

搜索引擎喜欢社交分享给网页带来的关注，因此社交媒体优化也是数字营销的重要部分。在社交媒体上合理地发布内容，与粉丝互动，获得点赞、+1 和分享可以有效提升搜索排名。

第 7 章　主导搜索与网络移动终端的策略　/147

选择符合需求的移动网站版式，使移动优化和电脑搜索引擎优化无缝衔接，牢记移动用户的搜索习惯，严格遵循搜索引擎的移动网站加载规则，以确保移动内容便于分析。

第 8 章　在线形象优化　/157

搜索引擎非常看重用户对商户的评价。利用在线评价网站，加入行业评价网站，构建个人评价网站，与评价互动等在线形象优化策略可以实现主导搜索引擎的目标。

第 9 章　主导搜索的二级网站　/169

把一级网站的功能发挥到极致之后，可以再进行二级网站的优化。二级网站主要包括：博客、微网站、客户回馈网站和主题网站。网站宣传策略同样适用于二级网站。

第 10 章　策略整合　/181

能够整合各种资源，协同制定策略对公司的业务和品牌进行宣传，这样就会拥有竞争对手所不具备的优势。

第 11 章　展望搜索的未来　/185

我们正处在互联网革命时代，搜索引擎会继续发展，提供更快、更精准的搜索结果，搜索引擎优化正快速成为当代企业营销和通信领域的重要战略元素，值得我们投入更多的时间研究策略，以便在搜索引擎结果首页占据一席之地。

译者后记　/191

谷歌公司市值数百亿美元，堪称世界上最重要的公司之一，受其影响的用户数量已逾 10 亿。写作跟谷歌相关的图书着实是一项极具挑战性的工作，但这个工作必须有人来做。有很多人、公司和品牌亟待提高曝光度，争取用户购买其产品和服务，树立品牌形象，网罗固定用户，但它们都不知从何下手。实际上，一些老品牌曾经辉煌一时，拥趸众多，客户盈门，但现在也面临着收益下滑、压力骤增、举步维艰的困境。它们不知如何才能为公司止血疗伤。生存都成问题，繁荣又从何谈起？世界已经变了，幸运的人还能在创新企业与高端人才不屑涉足的领域苟延残喘，其他的就只能惨遭淘汰。

我写作本书是想帮助人们了解搜索引擎的运作方式、需求内容以及个中缘由，然后提供系统的解决方案，手把手地教大家为自己、公司和品牌制订方案，提供搜索引擎偏爱的内容信息。最后，搜索引擎也会让你如愿以偿——荣登搜索结果首页。

我的背景和技能与其他作者不同。一般来说，人们都觉得商业类书籍的作者应该学术造诣颇深，有工商管理学硕士学位或者更高的博士学位，然而这些我都没有。

实际上，我大学二年级就退学了，没有上过营销、搜索引擎优化的课程，甚至连类似的课程都没接触过。我先前就读于新泽西州莱德大学（Rider University），主修俄语。参加了泽塔贝塔托（Zeta Beta Tau）兄弟会与军队的预备役军官训练营（ROTC）项目。

之后我就摒弃了以前的生活，并不得已开始从事汽车销售工作，因为我当服务员的时候被炒鱿鱼了。我在车行工作了 5 年，是一名汽车推销员，准确地说，我是

WIN THE GAME OF GOOGLEOPOLY

引言

车行里的业绩冠军，包揽了月度业绩冠军与年度业绩冠军。

在美国，汽车销售人员的平均销量是每个月10辆车，而我的业绩足足是他们的三倍，24岁的时候我就挣到了十多万美元。跟大多数的成功经历相似，我只是在正确的时间和地点做了正确的事情。我在1999年踏入汽车销售行业，那时互联网在汽车销售行业的作用初见端倪。

人们在踏入车行之前会先在网上做功课。我看起来很年轻（个子不高），所以经理让我去处理网络方面的事务。结果我刚开始接触网络营销就学会了将网络勘察转变为网络约谈，并最终实现了网络销售。我深陷其中，不久就开始迷上了主动搜寻客户，迷上了销售，老实说是迷上了丰厚的佣金。我挣得异乎寻常地多。此前，我只是一个在餐馆端盘子的大学肄业生，年收入不过3万美元，现在我却几乎一夜之间挣到了12万美元。

我职业生涯的下一个转折点就是成为网络销售经理/商务拓展总监。这意味着我要打造一个完整的网络销售部门，再也不是单打独斗了。车行想让我制造并运营新的利润增长点——网络部，即商务拓展部。于是问题就来了，大家全都无从下手。当时网络产业如雨后春笋般迅速起步，发展势头猛烈。因此，我遍寻图书馆、书店和网络，把所有相关的东西都研究了一遍：

- 网络；
- 网站设计；
- 搜索引擎优化；
- 消费勘察；
- 第三方线索来源供应；
- 线上分类广告；
- 数字营销。

我甚至还自学了用HTML来设计网站，使用微软Front Page以及Adobe Dreamweaver之类的排版软件，以及动态HTML和Java编程。我开始构建自己的网站，吸引浏览量。千禧年伊始，我开始学习搜索引擎优化（search engine optimization，SEO）工具WebPosition Gold、Word Tracker和其他早期的搜索引擎优化资源。我遍访美国，把所有能找到的搜索引擎优化工作坊与研讨班都参加了一遍，获得了国际搜索引擎优化学院的高级搜索引擎优化员认证。在获取信息、接受继续教育和磨炼技能的期间,我在汽车销售领域的工作也愈发做得风生水起。2004年,我刚刚28岁,就已经取得了巨大的成功,年薪高达16万美元。初始的资本积累让我得以离开汽车销售行业,创办自己的公司"Dealer Synergy Inc."。

在过去的这些年中,我既把Dealer Synergy Inc.经营得有声有色,还在近1000家资产逾百万美元的汽车代理公司培训了11 000多名汽车销售人员。借助专业知识、业务培训以及数字营销策略,我帮客户多创造了1亿多美元的收益。

此外,我还在国内外13家杂志上发表了1000余篇文章,每本杂志每月都有数十万读者购买和阅读。在过去的7年中,我一直都在为《成功汽车》(Auto Success)撰写专栏文章。另外,我几乎参加了汽车销售行业的所有大型项目、工作坊和贸易展览,并担任主讲嘉宾或大会发言人。其中主要的会议有:美国汽车经销商协会大会、美国卡车经销商协会大会、州级经销商协会大会(多次)、汽车产业领袖圆桌会议、数字经销商博览会以及NCM协会互联网销售训练营(联合发起人)等。

除了与资产数百万美元的经销商打交道,我还有幸与多家上市公司共事,如汽车比特尔公司(Autobytel Inc)和丰田公司。汽车比特尔公司邀请我训练全国互联网销售运营团队。最近,丰田(波士顿地区)公司也认证了我的互联网销售20人小组工作坊。该工作坊授课周期为3天,主题是互联网销售、数字营销和搜索引擎优化等。丰田公司的此举意味着在波士顿地区参与过工作坊的所有丰田经销商都能获得丰田的信用认证。我还与资产高达11亿美元的Carsdirect公司签订了合同,帮其进行内部培训,培养互联网汽车销售人才。

早在2006年我就开始了视频搜索引擎优化,随后这一现象蔓延到了整个汽车销售行业。然而直到2009年,大家才开始关注视频搜索引擎优化。幸运如我(抑或命中注定),可以跟凯瑞·摩尔(Karry Moore)和视频搜索引擎优化公司[VSEO,现更名为汽车-贸易(Car-Mercial)]的A.J·勒布朗(A.J Leblanc)建立联系。凯瑞和A.J都是优搜网络(USO Networks)老板约翰·费伯(John Ferber)的朋友,而优搜网络则是视频搜索引擎优化公司的母公司。更令人称奇的是,约翰·费伯还是全球最大的数字营销公司Advertising.com的联合创始人。2004年,他以4.95亿美元的价格将公司出售给美国在线（AOL）。目前，公司市值已高达120亿美元。约翰卖掉Advertising.com套现后创办了名为优搜网络的新公司，主营视频搜索引擎优化。他们拥有自己的专用软件、专利及其他产品，但是他们与汽车行业并无关联。我先与A.J和凯瑞取得联系，共同制定了拓展汽车行业视频搜索引擎优化版图的计划。在计划实施的前5年中，我一直都是整个汽车行业视频搜索引擎优化的先锋。简言之，视频搜索引擎优化引领了一股新浪潮，我个人就为汽车-贸易公司赢得了1000万美元的视频搜索引擎优化业绩。随着行业蒸蒸日上，其收购价竟暴增至1亿美元，简直超乎想象！

因此，我敢毫不谦虚地说自己在汽车销售行业颇有成就。我与妻子共同收入已达数百万美元，我们开始对汽车行业有些厌倦了。于是，我们决定涉猎一下其他行业。开始做生意之前，我的妻子卡琳娜·布拉德利（Karina Bradley）是个模特，因此她觉得重新做模特也是个不错的选择。她曾出演过巴林顿·利维（Barrington Levy）音乐视频中的群众演员，痴迷音乐行业，一直梦想着成为一名唱片歌手。简单地说，就是卡琳娜在短短三年之内就摇身一变，从根本没进过录音棚的普通人变成了冉冉升起的歌坛新星：

- 在线点阅量超过6000万；
- 表演观看人数高达数百万人次；
- 哥伦比亚广播公司《大话费城》（*Talk Philly*）节目点阅量超过100万；
- 施德45天狼星（Shade45 Sirius）卫星电台听众超过1600万；
- 6次参与天狼星卫星电台直播，包括《咪咪小姐秀》（*Miss Mimi show*）和《主播凯·斯雷秀》（*DJ Kay Slay show*）；
- 发布9条重要的音乐视频；
- 成为美国作曲家、作家与出版商协会（ASCAP）正式唱片歌手；
- 广播数据系统（Broadcast Data Systems，BDS）全国调频广播循环播放；
- 音乐获得了《蒂亚和塔梅拉秀》（*Tia and Tamera*）许可，在风格（Style）电视网络上播放；
- 全国巡回表演；
- 担任费城时装周红毯主持；
- 邀请著名音乐人参与音乐作品制作，包括米克·米尔（Meek Mill）、帕普斯（Papoose）和杨·克里斯（Young Chris）等。

诚然，我的妻子有着天使般的面容和银铃般的嗓音，但仅有这些还远远不够，毕竟年轻貌美、天赋过人的俊男靓女不在少数。卡琳娜亟须提高曝光量和自己的粉丝群体数量。因此，我们为她量身打造了专属的系统营销策略。结果反响异常热烈，我们成功地打造了一名流行歌星！

做明星的三年的确风光无限，如梦如幻（余生中，我们将永远珍惜这段经历），但随后我们决定再要个孩子，这是我们两个人深思熟虑后的决定。此外，公司核心业务已经为我们赚得了数百万美元，所以我们还想把工作重点放回核心业务。因此，我们决定在卡琳娜·布拉德利事业如日中天的时候隐退。

很多人对此表示不理解，但这是家庭的共同决议：卡琳娜·布拉德利的前途不可限量，很可能在事业上再攀高峰（实际上，已经有人向我们发出了唱片邀约），但家庭生活却可能受到影响。因此，我们决定砍掉音乐领域的业务，以便全身心投入到汽车销售、业务培训及数字营销等核心业务中，提升公司的核心竞争力，避免分散精力。我们在新泽西州购置了一处大楼作为公司办公场地以及业务团队的栖身之所。公司团队成员主要包括营销专家、平面设计师、社交媒体内容编辑、在线公关经理，以及能力出众的视频制作团队。

在刚刚过去的两年半时间里，我依旧收获颇丰。最近，我获得了美国演讲师协会的专业演讲师认证，这是全球职业演讲者的最高级别认证，就像会计获得注册会计师认证一样。

能够与各行各业的客户打交道，我备感荣幸。除了车行与唱片业的核心业务，我还有幸与专业运动员共事，例如费城老鹰橄榄球队队员。该队员自己开办了一家健身中心（我在数字营销策略方面给过他一些专业意见）。除了美国国家橄榄球联盟的超级明星，我还与菲尔·米格利亚雷斯（Phil Rnigliarese）和里卡多·米格利亚雷斯（Ricardo Migliarese）交往甚密。他们二人合伙在宾夕法尼亚州费城经营平衡工作室（Balance Stadio）。他们拥有美国最著名的巴西柔术学校和综合格斗学校，分校遍布美国甚至其他国家。在与米格利亚雷斯兄弟交往的过程中，我最得意的部分就是能够与他们互相学习。我教会了他们数字营销、搜索引擎优化、视频搜索引擎优化等技巧，他们也教会了我很多东西。平衡工作室是费城乃至三州交界地区最成功的武术学校。菲尔和里卡多本身都是世界武术冠军，而且他们还培养出了许多武术冠军，包括多位终极格斗冠军赛选手。然而最令我钦佩的是他们二人创业的学校在数字营销、搜索引擎优化、视频、社交媒体、在线形象、数字公关和品牌建立方面也都远超其他武术学校，一直稳居业内首位，他们俩也将本书提出的谷歌大富翁游戏策略（Googleopoly Strategy）活学活用。通过与平衡工作室和米格利亚雷斯兄弟打交道，我对武术学校这一商业模式有了更深入的了解，这为我指导武术学校提供了更丰富的经验：我的新客户中就有一家位于新泽西州马尔顿的名为 Full Circle 的武术学校。武馆老板阵容可谓十分豪华：史蒂夫（Steve）、黛（Deb）、马特（Matt）以及新伙伴保罗•菲尔德（Paul Fielder）。保罗人称"爱尔兰之龙"，是铁笼疯狂格斗锦标赛（Cage Fury Fighting Championships，CFFC）冠军，现在已经成为战无不胜的终极格斗冠军赛选手！目前，我们正致力于运用谷歌大富翁游戏策略碾压同类竞争对手。

我说这些并不是夸夸其谈，吊人胃口，而是为了告诫大家本书内容的重要性。生活就是如此，一分耕耘，一分收获。读完本书，你可能会觉得内容翔实，获益匪浅，但却将书中方法束之高阁，并不付诸实践。相反，你也可以内化书本内容，将书中的指导、提示、建议和诀窍统统都消化、掌握并活学活用，打造属于自己的谷歌大富翁游戏策略。

一般来说，公司邀请我做一小时的主题报告需要花费 7500~10 000 美元，再加上一些额外费用（路费和食宿等）。《热搜：搜索排名营销大揭秘》一书字数逾 10 万，既涵盖了我从业 16 年以来的第一手经验和成功案例，又囊括了各行各业的专家、领袖和导师的智慧结晶，堪称搜索引擎优化界的巨大宝藏。只消几十元钱就能买到全面、连贯的宣传策略，希望读者将本书作为发展与成功的制胜法宝！

常言道，雁过无痕谁人知。你的营销策略是否也是如此？如果你的产品、服务、应用或者发明十分出色，但是无人知晓，那这算哪门子营销？假设有一众人才天赋异禀，一批产品尖端创新，一组标语引人入胜，但都无人见证，那么这些人和事存在的意义又从何谈起呢？

我想要表达的观点就是展示机会是达成交易的先决条件。不管你从事哪个行业，是歌手还是私房烘焙店主，你的技能、天赋和热情就是你需要经营的事业。如果你想要发展壮大，获取利润，就必须加以重视。当然，人们很容易因为喜好而对某个事物泥足深陷，但是归根结底，热情就是一笔买卖。Lady Gaga、"水果姐"凯蒂·佩里（Katy Perry）和碧昂斯（Beyoncé）都是品牌的代名词。虽然大家看上去光鲜亮丽，但本质上都是销售：商品销售、专辑销售和门票销售。因此，我们需要受众。人们不可能向不感兴趣的人群销售产品。我们需要一个特殊的受众群体，一个真实、活泼、具体、热情的群体，然后让他们为你的产品、想法和天赋买单。

在演艺界或娱乐圈，艺人需要受众来发展粉丝群体。如果没人听说过你，成名又从何谈起？即使你有最美妙的天籁之声，但无人知晓的超凡歌艺一文不值。迈克尔·杰克逊是上一代人中的流行之王，他才华横溢，举手投足之间都透露出异于常人的王者风范。假如迈克尔·杰克逊有严重的舞台恐惧症，只能在浴室这样的私密空间上演具有划时代意义的演唱会，用洗发水瓶当话筒，那他能为大家留下如此丰富的精神遗产吗？当然不能！因为那就不可能有人知道他有这项才艺。没有人听过你的歌声，甚至连你这个人都没人听说过，那粉丝群体又该如何建立呢？更别提接到邀约，上台演出，签约

WIN THE GAME OF GOOGLEOPOLY

第 1 章　无人问津抑或顾客盈门

出片，走红歌坛了！

你的讲稿写作技能或许远超常人，也可能你的演讲、培训或咨询技巧十分出色，但如果你的专业知识、个人成就和工作能力根本不为人知，不仅精英演讲机构没机会认可你，别人也不会欣赏到你的才华，邀请你演讲。

专业销售人员的职业生涯也大抵相同。主要或者完全依靠佣金的行业可能会令职场新人感到恐慌，例如房产中介或者汽车销售。如果没有相当程度的曝光率、市场意识和品牌观念，相关从业人员很可能无所建树，不能自足（这里只是打个比方，但在极端情况下，这就是现实）。反过来说，赚取佣金的行业待遇也极为丰厚。

销售行业潜力无限，能够充分发挥你的能力，最大限度地提高收入。然而，大部分初登销售竞技场的人往往四处碰壁，铩羽而归，被迫离职转投其他行业或职位，上升空间缩水，无法挣得巨额财富。出现这种情况并不是因为他们缺乏技巧、能力或者天赋，而是因为他们没有受众。没人愿意聆听他们的策划，更没人愿意购买他们的东西。为什么呢？因为他们缺乏对新行业的探索，缺少提高曝光率、引领新潮流和创造新机遇的知识，所以无法做成生意。

简单地说，你从事哪个行业并不重要。无论你经营的是独资企业、小型企业、大型公司，也不管你是医生、律师、心理医生、牙医、按摩师、歌手、音乐家、演讲师、销售专员、创业者甚至作家（写手或者博客博主）……大家都需要曝光度和受众。技能、欲望、热情、智力、勤劳、奉献、顽强、渴望、需求、亲和度、拳头产品和顶级服务都是重要的因素，但是仅仅拥有这些还远远不够。最重要的是你有没有曝光度。除非你是大卫·科波菲尔或者鬼魂，不然从事任何行业都不需要隐身。那么如何才能增加曝光呢？恭喜你认识到了曝光度的重要性（从思想上重视起来）并愿意阅读此书（从技能上提升自身）。你已经成功跨出了迈向营销大师的第一步！

当今社会充斥着海量信息，能够为人所知已属不易，想要建立联系更是难上加难，尤其是很多人缺乏坚持到底的策略、手段、资源与恒心。本书将为你提供系统的指导方法，利用切实有用的高效曝光方法，为你打造独家优势，战胜竞争对手，获得高额利润，实现所有企业主的终极目标。

现今市场竞争异常激烈，竞争手段花样迭出。这是我亲眼所见的事实，绝非危言耸听。竞争对手虎视眈眈，一有机会就会抢夺你的客户。提到"竞争"一词，你的脑海中立刻就会浮现这样的画面：直接竞争对手提供的产品或服务与你雷同甚至完全一样；他们到处宣传惹人厌的标志，叫嚣讨人嫌的广告词。"某某公司最棒，是的，没毛病"一类的低俗口号在你耳边挥之不去。如何才能获得关注并刺激消费呢？我们生活在科技爆炸的时代，碎片化的数字信息不断侵占人们有限的注意力，例如社交媒体（排名第一的通信方式）、电话、网络、电视、电影等。

你必须时时警惕，保证自己、公司和产品能够为人所知。但是如何才能在纷繁复杂的环境中脱颖而出呢？你必须得拥有完整的策略，想好开端、发展和结局。在此我要稍微说句题外话：我十分欣赏富兰克林·柯维（Franklin Covey）公司倡导的"高效能人士的七个习惯"，我本人也是该公司的认证培训员、倡导者和终身学员。这七个习惯根植于我的个人生活和职业生涯，贯穿于我做人行事的始终。因此，我可能会不时地提到这些习惯，因为它们早已是我生活中不可分割的一部分。

提高辨识度的方法

首先，你必须明确自己的最终目标。谁都不想成为透明人，但各位有没有仔细想过受到关注后该如何是好？你的目标是什么？你想要达成什么样的结果？你有没有明确的目的？这些问题非常重要。没有清晰的目标就没有明确的指导，没有明确的指导则无法掌控前进的方向。实际上，只要目标明确，条条大路通罗马。

我的建议是请各位先拿出笔记本或者在电脑上新建一个文档，回答几个问题。这些问题能帮你保持正确的方向，明确当前的状态。要知道现实与目标之间只差一个行动。优质的产品、服务或者自己已经准备好了，只欠增加曝光的方法。来吧，让我们的思维活跃起来，构思好自己的终极目标。

明确产品与服务

贪多求广是提供产品的大忌。一次性提供多种服务也绝非明智之举。精力太过分散，相关程度和业务能力就会被稀释，核心竞争力也会随之下降。当然，并不是所有多才多艺的人都必定一无所精。我想强调的是过度分散注意力可能会催生负面效果。此外，产品也不能太过宽泛或者太过模糊，你需要权衡各方面因素，锁定目标市场。简言之，"注意甄别伪装成机会的干扰"是我的处事准则，在此与大家共勉。

下面我将结合实例，阐明通用原理，然而具体实例有限，肯定无法涵盖所有读者的从业范围，还请大家谅解。其实，自己行业之外的领域也有许多值得汲取的宝贵经验，能够为你提供完全不同于竞争对手的宣传方法，带给客户耳目一新的感觉，助你实现终极目标。小型公司亦步亦趋，追随业内大佬的案例屡见不鲜。它们小心翼翼地模仿大哥的一举一动，结果却在追赶前辈的道路上疲于奔命（精力上和经济上都不堪重负）。模仿不能带来成功，打造独特竞争优势，争当行业领军人物，缔造流行趋势才是制胜法宝。诚然，打破常规需要承担一定的风险，但回报也会令人惊喜。

试想一下这样的场景：

- **汽车推销员**。不要只把自己当成一名汽车推销员，你需要进一步明确目标。例如，你要卖的是新车还是旧车？假设你卖的是新车，你想取得什么层级的代理权呢？高级代理权还是低级代理权，经营独立门店还是建立大型代理集团？有没有试图与执法部门和军队成员打成一片？或者你的目标客户是即将入学的大学新生，如何跟他们打交道？哪些人是你心中的一级市场（primary market area，PMA）？如果你卖的是旧车，那你的库存主要是什么，而市场上需求量最大的二手车又是哪种（可以按照品牌和款式划分）？你有没有相关资质？超过百分之六十的美国人都有不良信用记录，你精通信贷业务吗？
- **歌手**。不要只把自己当成一名歌手，你需要进一步明确目标。你觉得自己适合什么类型的音乐？通俗音乐、R&B、嘻哈还是摇滚？众所周知，歌手有很多类型，嗓音也都各不相同，既有劲歌热舞，也有黑帮说唱。不同歌手的曲风天差地别，歌迷自然也有自己偏爱的类型。国际影星李小龙曾说："我招数多变，无从捉摸。"风格多变可能非常适合武术演员，但放到唱片歌手身上就难免不合时宜。你的歌迷或是听众需要你保持统一的风格——他们愿意买单的风格，曲风多变反而会让他们摸不着头脑。
- **演讲师**。不要只把自己当成一名演讲师，你需要进一步明确目标。你的职务是培训师还是课程协调员？你是命题演讲专家吗？你精通工作坊、研讨会和在线研讨会吗？或者你只做主题演讲，你的主攻领域是什么？励志型、技术型还是销售型？你在传达信息或者强调论点的时候有什么诀窍？作为美国演讲师协会的认证演讲师，我很庆幸自己有机会接触到世界顶级演讲大师。最近，我有幸结识了《不想》（*Unthink*）一书的作者——涂鸦大师埃里克·瓦尔（Erik Wahl）。他将绘画技巧应用于演讲过程中，赢得了听众的敬畏,留下了传世杰作。丹·思蒙(Dan Thurmon)也是一名出色的演讲师。他极具活力,主攻主题演讲,擅长肢体指导,著有《故意失衡》(*Off Balance on Purpose*)一书。他十分擅长在演讲过程中利用喜剧艺术和杂耍技巧。他的演讲更像是一场视觉盛宴,非常精彩。

- **餐厅老板**。不要只把自己当成一名餐厅老板,你需要进一步明确目标。你的餐馆主营何种食物?有没有招牌菜、特色菜或是想要努力的方向?有没有独家配方?你的饭馆开在什么地方,市区还是郊区?只此一家还是连锁经营?你的食客有哪些?你想给客人营造何种氛围,高端、悠闲还是温馨?其实,具体风格并不重要,重要的是餐厅的整体目标与定位必须清晰。你想要吸引什么类型的顾客?你想主攻年轻群体、老年客户、家庭聚餐还是全部通吃?你会举行特殊活动吗,例如"卡拉OK之夜"或者"儿童免单"夜?你在社区参与程度有多高,或者你想实现何种参与程度?你的餐厅有主题吗?我最近在得克萨斯州的达拉斯举办了一场活动,地点选在了埃迪·迪恩(Eddie Deen)的牧场。以牧场为主题的场地彰显着导演克林特·伊斯特伍德(Clint Eastwood)的风格,驯服野牛、广场群舞、烧烤美食,烘托了浓厚的得州气氛。

- **武术学校**。不要想着自己只是开了一家武术学校,你需要进一步明确目标。你们教的是哪种武术,柔术、空手道还是柔道?你们的特长是什么,是训练执法人员,培养儿童兴趣还是教授女子防身术?你的武术学校在哪个镇,哪个市,能吸引周围多远的学生呢?思考这些问题能够帮助你确立目标。这个例子随后会在本书中详细展开,其他增加曝光的方法也会一并讲述。

- **房产中介**。不要把自己当成卖房子的普通中介,你需要进一步明确目标。你要卖的是哪种房产?单身公寓、家庭住宅、酒店公寓还是普通套间?你也喜欢买房吗?你有没有想过换房?你属于大型中介公司吗?你能不能利用公司的品牌和信誉打造自己的品牌和信誉呢?你是全心全意卖房吗?有没有想过兼职卖点房产保险?你想建立何种网络系统和人脉系统?你有没有检查房屋或者检查白蚁的朋友?你平时有没有注意结交房产律师或者房屋保险公司,还有庭院设计师、木匠以及施工人员?如果没有,那你可就是眼睁睁地看着大好机会溜走。

试想,上述各个领域都需要强大的人脉关系。起初,你可以搜索一下自己所在区域,看看有没有公司提供上述服务。写下公司的地址和名称,寄一盒甜甜圈跟一罐咖啡,再附上一叠名片,跟对方表明自己想要跟当地公司合作的意向,互相介绍客户,互惠互利。一分耕耘,一分收获。跟其他企业建立合作,培养关系就是播种的过程,收获也会颇为丰富。

超值配套

- 跟别人相比，贵公司有何不同，好在哪里？有无与众不同的优势？
- 有无获奖：
    - 广播、电视、纸媒等媒介是否报道过？
    - "最佳……"。
    - 如果贵公司隶属于大型连锁企业，那企业有无获奖？贵公司可以借助企业名气来证明自身实力。
    - 在谷歌评价、Yelp、商业改善局等平台上的评价如何？
- 跟竞争对手相比，贵公司哪里做得好，哪里与对手不同？
- 有无附赠特殊小礼物？
- 有无客户忠诚度项目或者客户奖励项目？
- 大家为什么要来你这里买东西、参加你的活动、表演、音乐会或展览？
- 有没有就某一过程或者技术申请专利？
- 你是特定行业的开创者吗？
- 你从事该行业很久了吗？具体有多久？
- 你有没有熟练掌握一项技能？
- 你有没有服务过很多客户，做过很多演讲或者多次在音乐会上表演过？如果有的话，具体是多少次？
- 有无名人能为你站台：
    - 如果你写了一本书，有没有名人、明星或者名流公开支持？
    - 如果你是做演讲或者搞培训的，有没有500强甚至前100强的上市公司、重要人物或者知名机构对你做过正面调查或者给出积极评价？
    - 如果你开了一家餐馆，有没有美食评论家光顾过你的餐厅并给出正面评价？

你的受众是谁

这个问题非常重要，大家必须尽早确定答案。我知道肯定会有人回答"每个人都是我的客户"，这类目标就太过宽泛了。做生意最忌讳广撒网，这样做很难一击即中。漫无目的的营销绝对不可取。你必须精确判定目标客户。你想吸引哪类客户？答案因行业和情况的变化而有所不同。下面我要举几个例子，其中的基本问题对不同情况具有普遍适用性。

- **汽车销售员**（在美国新泽西州斯韦兹伯勒销售克莱斯勒汽车）：

- 斯韦兹伯勒及其周围地区（20 至 30 英里①以内）的人口状况如何？
- 你的客户是谁？
- 他们的平均收入是多少？
- 男性偏多还是女性偏多？（女性的购买力超过 80%）
- 他们要买新车还是二手车？如果是新车，是哪种或者哪几种车型？如果是二手车，是什么年份，什么厂家，什么型号？
- 区域内有没有大公司进行"大规模"贩售？
- 附近有没有军事基地？
- 你的公司离大城市有多远？
- 哪类人的购买力最强？
- 哪类人中回头客最多？
- 哪些人介绍的客户最多？

- **巴西柔术培训班**（费城武术学校）：
  - 什么样的人想学武术或者空手道：
    * 热衷于观看终极格斗冠军赛 / 综合格斗赛的人；
    * 想要减肥或健身的人群；
    * 想要自卫的人；
    * 喜欢竞争或者竞技的人；
    * 愿意在志同道合的群体中表现自己、拓展交际的人；
    * 追求工作 / 生活平衡的人；
    * 需要发泄怨气和缓解压力的人。
  - 一些家长想让孩子参加此类课程。

- **专业演讲师**（主旨演讲 / 工作坊）：
  - 你做哪方面的演讲？
  - 你有何演讲诀窍？
  - 你是激励型的演说家吗？
  - 你是否精通领导力和管理方面的话题？
  - 你对数字营销有研究吗？
  - 有没有人通过演讲局邀请你做讲座（或者你想不想去）？
  - 你从事哪个领域的演讲？

---

① 1 英里 ≈ 1.60 934 千米。——译者注

你的受众在哪里

确定受众之后,你的任务就是找寻受众。你可以对受众进行以下分类:

- 人口分布;
- 地理定位;
- 受众职业、行业、组织或机构;
- 受众性别;
- 受众爱好。

不管是谁都不重要。受众范围一旦确定,寻找具体客户就相对容易了。现在的问题是,你想一直追在客户后面跑还是想让他们主动上门?乍听到这个问题,大家可能会有些疑惑,不知所云,或者干脆有人觉得让客户主动上门是不可能的。潜在客户怎么会主动找上我呢?别担心,这就是本书的写作目的。我将其称为"互动式营销",即让顾客主动上门。如果可以通过极少的初期投入轻松赢得丰厚回报,就不可能会有人选择事倍功半。

与顾客(可能是个人、公司、协会或者代理等)主动上门寻求产品和服务相比,没有任何预兆的电话推销很难达成交易。然而,如果客户主动上门,那情况就不同了。主动客户具有以下三个特征:(1)感兴趣;(2)有诚意;(3)急需。假设有人要去钓鱼,钓具、鱼竿和鱼饵都有了,整装待发(如果各位不爱钓鱼,也请耐心往下读,重点在后面)。想象你面前有两个池塘,都能钓鱼,随便你挑。第一个池塘是空的,但如果你使用精心挑选的鱼饵也有可能把鱼吸引过来。第二个池塘则恰恰相反,里面满是活蹦乱跳的鱼,只消把渔线扔进水里,你就能当甩手掌柜,等着鱼儿自动上钩。各位会选哪个池塘呢?我敢打赌大家肯定都选鱼儿多、钓上鱼的概率大、机会多的池塘。其实,现实中也有这样唾手可得的池塘。这个池塘就是互联网。

对传统广告营销与数字营销的数据稍加分析你就会知道,互动式营销绝对是最聪明、最有效、最透明和最省钱的成功策略。

传统与数字——哪种方法更适合你

其实,传统营销与数字营销的争议由来已久。究竟是把时间和财富投入到广播、电视和纸媒为代表的传统广告营销媒介,还是将资源、精力和重点放到数字营销当中，众说纷纭。其实，数字营销和数字宣传才是明智的选择，原因很简单。传统营销和宣传是侵入式的，也就是说人们可能要在不情愿的情况下被迫接受广告。在现实生活中，人们已经不再眼巴巴地等着送报员把周日的报纸扔到门口，然后迫不及待地拿进来浏览广告，最后再决定买什么了。人们再也不会加满油，带上全家人，系好安全带，沿着66号公路一直向前，寻找广告牌，想着可以从中获得一些有用信息，好让他们在决定购买产品与服务的时候更有把握。当然，现在人们仍会注意到广告牌，但绝对不会特意去寻找了。实际上，从"开车不打字"的新条例出台就能明显看出，人们开车的时候极其不专心，连看路都提不起精神，更别说寻找路边的广告牌了。此外，人们观看美国有线电视新闻网或《与卡戴珊姐妹同行》(*Keeping Up with the Kardashians*) 节目的时代也已经一去不返。人们不再热切期待节目中的商业广告，更不会因广告中的产品或服务而兴奋不已。

传统媒体和传统广告已经失去了原有的主导地位。如果你不想改变思维方式、营销哲学与营销方式，那么你的产品和服务就相当危险了。如果你没有不断改进，那么就是在退步。相信我，世界不会等你赶上来。

人们已经受够了传统广告狂轰滥炸与遍地开花式的营销方法。看到这里，提倡传统营销的人们可能会不高兴，但是我讲的都是事实，而且更重要的是，这些都是我的亲身经历。我自己也经营着几家公司，资产均有几百万美元。传统营销和数字营销我都尝试过，一开始还有些不情愿。

但是我提前看到了未来的发展方向并决定相信数字营销。考虑到投资回报率的因素，我选择坚决贯彻数字媒体路线。后来我成功了！我有理由相信一部分人，甚至所有人都会与我的观点一致，或者感同身受。所以，你们才会花时间阅读此书，即使距离实现目标还十分遥远。

我知道，改变会让人焦虑，也会让人不安。然而这不是我们第一次踏上改变之路，当然也不会是最后一次。想想手机的变革。一开始，手机就像个大砖头，样式不多，但是功能与众不同，令所有人都惊讶不已：我跟人讲话不再需要连接实体线缆了吗？我不需要待在家里，守在电话旁边等人打电话过来了？电话可以想打就打，还不用放下手边的事？随后，电话的体积越来越小，功能却开始呈指数上升，直到出现智能手机。

不是所有人都买账，也不是所有人都毫不犹豫地接受了过渡。老实说，对大部分人来说，新事物的功能确实会让人担惊受怕。但是反观现在，几乎人手一部智能手机，孩子们几乎一出生就手机不离手。重点在于数字广告跟手机一样，已经不是一时风气或昙花一现了。

数字营销已经成为一种深植于我们文化中的固定结构，未来还会不断发展。有些公司先前一直提供传统营销服务，现在也有这种业务，但也在不断调整与成长，力求适应和满足当今客户的愿望与需求。以黄页为例，此前，人们非常依赖这个资讯"圣经"，查询可供合作的企业。如今，资讯"圣经"依旧存在，但却是存储在www.yellowpages.com 上，查询和检索非常方便。黄页并不甘于淡出市场而是在不断适应和进化，我们也应该如此。如果我们的目标并不止于苟延残喘而是想要发展壮大，就必须紧跟鱼群。

有些人可能不认同我的看法。他们觉得传统广告既没有扰乱正常生活，也没有影响心情，不过是一种品牌宣传的方式罢了。然而数据显示，传统广告江河日下，早已风光不再，传统广告公司的收入也急剧下降。为什么呢？原因很简单——人们早已受够了这些聒噪的广告！大家明明不需要这些东西，自然就不想也不需要这些广告频频出现在眼前，只得竭尽所能无视、绕过、躲避甚至屏蔽传统广告。这就像是高速交警与司机之间的猫鼠游戏：司机们都配有雷达探测器或激光探测器，随心驰骋的同时无须担心罚单。这就是广告业的现状。美国民众严阵以待，坚决抵制入侵型广告。

大家最中意的探测器如下：

- 卫星电台；
- 硬盘录像机（DVR）；
- 交互式多媒体视频点播；
- 按次计费节目；
- Hulu；
- 奈飞；
- 社交媒体；

- 互联网。

你知道吗？超过 77% 的人在看电视的同时还会使用其他电子设备。这个比例是不是高得惊人？稍微解释一下，这意味着假设有 100 个人在屋里看电视，77 个人都在埋头做别的，例如玩电脑、玩手机、看平板电脑或者使用其他消遣工具。这说明你的潜在客户是在听电视而非看电视。

潜在客户、客户和金主都已经厌倦了过去的老把戏和旧方法。我们生活在"按需供给"的年代，人们只想或者只会在有需求的时候接收信息，而且希望越快越好！所以我们将其称为"按需供给"。很明显，人们在检索信息的时候越来越没有耐心了。因此，我们经常能看到"点击此处迅速获得报价"或者"60 秒内快速通过信用审核"之类的字眼。如果你提供的信息不是客户所需要的，那么他们只需动下手指，点下鼠标，就能继续浏览其他信息。本书后面会对此类情况进行详细叙述。

至此，我们已经明确了这样一个事实：传统营销和传统广告确实会对顾客造成干扰，因为客户总在不想获取信息的时间和地点被迫获取信息。此外，大家有没有意识到传统营销策略对营销人员来说也不够透明？换句话说，我们没有计算投资回报率的准确方法。诚然，所有媒体都能产生流量、吸引观众、传播信息，但是你能找出得到信息的所有观众、听众或者读者吗？答案是否定的！虽然他们都是你的潜在客户，对你宣传的东西也颇有兴趣，但要对其进行量化可谓难于登天，可能性几乎为零。很显然，如果你在报纸、电视或者电台上刊登广告，可能有人来到店里或者致电咨询，说是看到广告才来进一步了解的。这类价值是可以量化的。然而我们的投资能否物超所值呢？大概不会。我认为难点在于大家都无法回答下列问题。你能确定到底有多少人看过广告吗？不能。在看到广告的人中，你能确定有多少人想买你的产品和服务吗？还是不能。还有一个问题：可能看过你广告的人很多，你能弄清到底有多少人用心了吗？当然不能。我们姑且假设有办法获得上述数据，你确实找到了一些关注你产品和服务的人，那么在这些感兴趣的人中到底有多少人采取行动了呢？换句话说，有多少人致电或者上门询问情况了？有人能帮你数清这些人有多少吗？可能有人会说可以，或者觉得可以，但这又会带来新一轮的麻烦。不信大家看，为了计算真实的投资回报率，我们必须拥有一套行之有效的追踪系统来管理消费勘察和潜在客户。为此，我们还需要添置电话监控系统和跟踪软件以及客户关系管理方案（customer relationship management，CRM）。工具和设备有了，新的问题又来了。工具使用方法得当吗？内容和策略正确吗？自己及团队成员有没有受到过系统的训练？能否将工具效能发挥到最大？有了工具就能确保使用方法正确吗？能否保证每次操作都万无一失？如果解决不了这些问题，那麻烦就大了。为了正确量化投资回报率，我们必须采用精确的测算工具，拥有准确的数据，这样才能得出正确的行业情报。否则，只能是"无用输入，无用输出"。据我所知，无用的情报不能带来任何价值，还会徒增成本。

传统广告和传统营销会给大部分人造成沉重的负担。私营企业主、演员、音乐家、演讲师、歌手、汽车销售人员、空手道教练或者刚刚起步的健身私人教练如何才能负担得起传统营销的费用呢？或者大家不是刚刚起步，而是入行已久，但是一直未见起色，也想不出好的解决方法，大家想不想为广告资源付费呢？答案当然是否定的。付不起也不愿付。这样的企业主就面临着"究竟是鸡生蛋还是蛋生鸡"的问题。他们需要受众购买其产品或服务以赚取利润，没有受众就无法收回成本。想增加受众就需要增加曝光度，即获得别人的关注。为了实现这一目的，必须付出一定的代价，但传统广告营销是最烧钱的。我并不是要拦着大家，不想让大家通过主流媒体提高知名度，我只是想让大家认清现实。不知道大家对传统广告营销的成本是否了解？我来告诉大家。以费城市场为例，电视广告最少要做3个月，每月最低花费3000美元。一通折腾下来，受众几乎没有受到任何影响。这是引用费城康卡斯特电信公司（Comcast Corporation，CMCSA）的直接数据。我曾经为一名非常有名的独立唱片歌手运营电视广告，宣传他的电台最新热门单曲，其中最大的亮点就是与迈巴赫音乐集团米克·米尔的合作。其实，新单曲广告还在备受期待的卡戴珊婚礼（Kardashian Wedding）上播放了：90天花费9000美元，播放60次电视广告。这钱花得值吗？主要取决于人们如何定义"值得"。确实，广告带来了一些知名度和信任度，但这样的投资回报就够了吗？不，当然不是。如果我们的预算是用100万美元达到全面的宣传效果，一直在电视上登广告着实有些奢侈。电台广告也是如此——我们已经在广播频道的电台广告上花费了数千美元。播放一条15至30秒的广告每月要花费数千美元，为的是什么呢？品牌知名度吗？这根本就说不通。就算没有其他经济实惠、效果显著且影响深远的方式存在，传统广告方法也太扯了。

在产品宣传过程中单纯依赖传统广告的问题很多。

1. 我们要确保受众在观看、收听或者阅读我们的广告，而且接收到信息的人还必须对我们或者我们的产品与服务感兴趣。否则阅读量和收听量就没有任何意义，这个数字是1000还是10 000都不会对我们产生实质影响，该看见的人还是没看见。
2. 我们还得确保收听广播或者收看电视的用户碰到广告的时候既不换台，也不在广告时间上厕所，更不能查看社交软件是否更新或者是玩手机。提醒大家一下，数据显示，77%的人在看电视的时候都会使用其他电子设备，播广告的时候这一比例肯定又会上升，大家请自行想象。
3. 大家心中必须要有周密详细的策略：
   - 我见过很多人存钱或者透支金钱，为了在电视和广播上打广告，宣传一些"不合规矩"的内容，因为他们觉得这样比较靠谱，能获得最大曝光。此处的"不合规矩"并不是说商家的产品或服务有问题，而是指他们的视频广告或音频广告粗制滥造。这种与整体目标相背离的行为势必浪费大量的物力财力；
   - 不仅如此，有些人还会孤注一掷，把仅有的钱都投进传统媒体中，结果却打了水漂。诚然，商家把钱投到电视或广播时段中，广告确实会如期播出，但可能是晚上，也可能是随机播放。也就是说商家购买的广告时间穿插在广播节目或电视节目中，没有固定时间。换句话说，有的商户资金有限或者缺乏策略，只能拿到一些鸡肋的广告时段，而非黄金时段或者其他理想时段；
   - 表面上看，有线电视是一种合理划算的宣传方法，但很多人都弄不清其中的利害关系。尼尔森收视率统计中就没有统计有线电视，这表明观看某一频道的人数少于1000。因此，便宜的事物往往是最贵的，千万不要以为自己占了便宜。有的东西之所以便宜完全是因为其本身没有价值。

大家的情况可能会有所不同，不会像之前提到的案例一样预算紧张。你不是势单力薄的小企业主、个体户或者是创业公司创始人。你可能经营着大型公司，广告预算充足，投放电视广告、电台广告和纸媒广告都毫无压力。这当然很好！然而有钱也不能太过任性。财力雄厚并不等于可以不负责任地乱花钱，想要提高纯利润就要节约预算。我们的目标肯定不是在黑暗中苟延残喘，而是应该主导黑暗，不断发展。

我们要坚持要事第一的原则。具体来说就是先集中精力做最重要的事情。最重要的事情就是需要立刻采取行动解决的事情。我们必须仔细甄别，尤其不要被伪装成机会的假象迷惑。这一点非常重要，所以你在制订营销方案的时候必须时刻将其牢记于心。正如本书前面提到的，我们周围的信息太多了，成功的道路上有许多光鲜亮丽的障碍会扰乱我们的心智。

诸多信息充斥感官，大家很容易就迷失方向或者分散精力。我们面前总有许多可供选择的方案和方向。你想选择哪种？如何才能选择正确的策略？答案非常简单，当然是选择最好的、经过验证的、有坚实数据支持的——让大家付出的时间和金钱拥有最高的投资回报率。互联网在广告和营销方面的作用无出其右，其他任何媒介都难以望其项背。

不信请看以下数据：

- 电台用了 38 年才获得 5000 万听众；
- 电视用了 13 年才获得 5000 万观众；
- 网络只用 4 年就获得了 5000 万网民；
- Facebook 仅用 2 年就获得了 5000 万用户！你没看错，区区两年时间！

网络是迄今为止最强大的营销工具。传统营销方式（例如电视、电台、报纸、杂志和公告牌）的用户正在快速流失，业绩也迅速下滑。很多大型报社和重要电台都已经无以为继，或被出售，或被合并重组，有的甚至直接宣告破产。互联网就是导致这一现象的关键因素。互联网将营销行业的游戏难度提高了好几个等级。互联网让客户（即终端客户）有能力随时随地购买所需的产品和服务。消费者已经不再为传统媒体所束缚。曾几何时，人们喜欢某位唱片歌手或者钟爱某首歌就只能整天守在收音机旁，等着电台播放。电视节目也是如此，人们必须精心安排时间才能准时收看到钟爱的电视节目或者电视剧。现在，人们只要打开 Hulu 或者奈飞就能随时收看节目。人们可以把比赛、新闻和其他所有想看的节目录下来，等有时间了再看。潘多拉和心跳电台（iHeart Radio）更是满足了人们对电台的所有需求。音乐爱好者还可以通过 Vevo 和 YouTube 等专业网站观看视频。人们可以随时随地、随心所欲地享受各种海量服务，而且是免费服务！

让真相为我们松绑

本人也是一名企业家，将心比心，我非常了解大家的需求。互联网广告和数字广告能够为大众提供公开透明的广告商、经销商、合作伙伴、专业人员和艺术家等。这正是我们急需的。过去，我们就像盲人摸象，成功全凭运气。如今，互联网能够提供透明可靠的数据，让大家花的每一分钱都有迹可循。不过互联网广告也要遵循要事第一的原则，只不过大家不用像无头苍蝇一样到处乱飞了。我们可以先行调研，然后确定最适合的互联网宣传策略以及主攻市场。目前市面上在售的服务主要有以下几种。

点击付费广告

为了保证信息透明，我们应该明确以下几点：

- 利用谷歌分析师（Google Analytics）服务，明确单次点击的收费；
- 购买的关键词数量与详情如何？
- 每次点击关键词的费用是多少？
- 使用哪些关键词后点击量增加得更多？

有了这些信息，我们就可以自行评估广告的预算-曝光比，并进行合理调整。如果有的关键词效果不好，删掉即可。这样才能真正做到把钱花在刀刃上，用在最有利于实现宣传目标、最容易成功的关键词上，获得圆满的结果。在互联网宣传中，人们可以随时评估并迅速调整宣传策略，这一点非常有利于实现宣传目的。传统电视宣传和电台宣传则做不到这一点。大家只能购买特定的宣传时段，之后能做的就只有期待宣传效果，直至合同期满才能换频道或者换时段。

展示广告或横幅广告

为了实现宣传过程透明，你应该明确以下几点：

- 我们收到了哪几方面的效果？
- 实现某一方面效果的费用是多少？
- 每次宣传的成本是多少？
- 点击阅读次数有多少？
- 平均每次点击阅读的成本是多少？

社交媒体广告（如 Facebook、Twitter）

为了实现宣传过程透明，你应该明确以下几点：

- 我们收到了哪几方面的效果或者得到了多少阅读量？
- 每次宣传的成本是多少？
- 实现某一方面效果或者形成某一印象的成本是多少？

正如我们之前提到的，传统媒介局限性很大，只能给出大致的观众、听众和读者数量，根本无法精确测算出到底有多少人看到广告，关注广告，并采取了行动。行动才是最重要的。然而数字营销却可以替经销商和广告商解决这些问题，提供如下精确信息：

- 看到广告的人数；
- 人们在主页、登录页、广告页等页面的停留时间；
- 总点击量；
- 采取进一步行动的人数：
  - 发送邮件的人数；
  - 拨打电话的人数；
  - 看到数字广告后就直接购买产品服务或者下载歌曲的人数。
- 每次点击、每个电话等每个指标的单价；
- 宣传毛利润；
- 宣传净利润。

回到之前的话题，大家是愿意把鱼饵扔进池塘碰运气，还是愿意把渔线甩进满是鱼儿的池塘里，看着鱼儿争相上钩？顾客殷切期待，迫切地寻找产品和服务的情形就好比满是鱼的池塘。我们只需要把渔线甩进去，被他们找到，进入备选之列即可。如果策略得当，大家还能成为顾客的不二之选。

大家做事情都会依赖网络，但凡做选择都要先上网做一番功课，无论是经营生意、致电咨询，还是雇用教练、邀请顾问以及购买产品和服务等。

不论大家是个人、小企业主还是大公司老板，互联网营销都应该成为你的宣传首选，因为它兼具效果明显和物美价廉的优点。无论是宣传效果、宣传价格、宣传区间还是投资回报，互联网都远远胜过其他宣传媒介。

现在大家应该都已经明确了曝光度的重要性。没有曝光度，就没有人知道，产品或服务的销售也就无从谈起，发展粉丝群更是无本之木、无源之水。当然，其他可能性并非完全不存在。不过没有曝光度，上述这些事情都会变得异常困难。因此，接下来的问题就变成了"何为提高曝光度的最佳方法"，答案当然是互联网。互联网是最好的营销工具和广告工具，投资回报率也远高于其他方法。接下来肯定有人会问："互联网营销或者数字营销中的最佳工具又是什么？"毫无疑问，互联网营销就是"搜索引擎的天下"，尤其是搜索引擎界的"权威"——谷歌。诚然，搜索引擎行业还有很多门户网站，例如，2014年的月访问量，必应为3.5亿，雅虎为3亿，爱问和美国在线为2.45亿。

有人觉得以上数据已然颇为惊人，但上述任何一家的访问量都还不及谷歌的零头。在搜索引擎行业中，谷歌一家独大，月访问量高达11亿。全球总人口为70.46亿，其中有11亿人每月都会使用谷歌，约等于其他搜索引擎用户之和！网站评分公司ComScore将搜索引擎市场份额进行了排序：1.谷歌67.5%；2.必应18.7%；3.雅虎10%；4.爱问2.5%；5.美国在线1.3%。

更准确地说，其他搜索引擎的用户数量加起来都不足谷歌的一半。如果这些证据还不够有说服力的话，我们还可以把YouTube的用户数量也加上。YouTube也是搜索引擎，准确来说，它才是排名第二的搜索引擎，而非必应。我之所以没有将YouTube列入搜索引擎排行榜是因为它不属于传统的搜索引擎，而是视频搜索引擎，但它本质上也算搜索引擎。在YouTube上搜索内容与在

WIN THE GAME OF GOOGLEOPOLY

第 2 章 搜索就是一盘大富翁游戏

谷歌上搜索信息并无二致。唯一的区别就是 YouTube 上只能检索视频结果。

以下为 YouTube 的情况剖析：

- 月搜索量超过 30 亿；
- 月独立访客超过 10 亿；
- 平均每分钟有时长为 100 小时的视频被上传；
- 容量超过必应、雅虎、美国在线和爱问的总和；
- 每个月观看量高达 60 亿小时。

更令人兴奋的是，YouTube 还是谷歌的子公司！没错！2006 年，谷歌以 16.5 亿美元的价格收购了 YouTube。

谷歌本身已经在搜索引擎方面甩了其他公司好几条街，其他 4 家公司加起来都无法与之抗衡。再将排名第二的搜索引擎 YouTube 加进来。谷歌绝对是搜索引擎行业毋庸置疑的绝对霸主。

试想一下，谷歌与 YouTube 加起来每月有超过 21 亿的独立访客和 1030 亿的搜索量。

我之所以跟大家分享这些信息，是想提升大家鉴别机会的能力，尤其是小心伪装成机会的干扰项。数字营销和互联网广告领域有不胜枚举的新鲜事物、浩如烟海的新奇选择、多如牛毛的搜索引擎，以及数不胜数的解决方案。大家全都宣称自己才是最棒的，可以完美提升你的曝光度。我们必须精心挑选，才能做到物有所值，获得最高的投资回报率。毕竟时间就是金钱，是最珍贵的资源，一旦失去便再也无法重来。因此，我们必须小心翼翼地甄别无用公司、无能人士，提防纸上谈兵之人唆使我们将时间、精力和资源分散到鸡肋方案中。这些人花言巧语、口若悬河，极能蛊惑人心。他们可能会这样说：

- 必应的独立访问量高达 23.5 亿，市场占有率近 20%。那又如何！乍听有点唬人，但跟谷歌的潜在曝光度相比，简直不值一提。
- 大家一拥而入，扎堆谷歌，所以其他搜索引擎的竞争就会小得多。那又如何！时刻牢记我们的目标是哪里鱼最多就去哪里，而不是有鱼就行。
- 我不喜欢谷歌，也不爱用谷歌。那又如何！那是你个人的想法，大多数人跟你不一样。
- 多元宣传，拓宽覆盖面才能将风险降到最低。那又如何！这种想法简直烂透了。我之前就提到过，同时采取多种策略会导致精力过度分散，宣传效果也会大打折扣。我们必须分清轻重缓急，专心致志，这样才能理清营销策略中的重要事项并加以贯彻。

谷歌是搜索与搜索引擎的代名词，就像巧迪代表棉签、舒洁代表纸巾、罗勒布雷德代表直排轮一样。巧迪、舒洁和罗勒布雷德都是品牌名称而非产品名称，但其品牌形象与公司名气已然深入人心，几乎可以替代产品的固有名称。因此，谷歌成为人们日常谈话中的动词也就不足为奇了。我敢保证大家都听人说过"我得谷歌一下这个东西"或者"我已经谷歌过了"。如果人们对某个事物感到好奇或者心存疑惑，肯定会打开谷歌寻找答案。有些关键词可能略显荒诞，例如：丈夫、妻子、宠物、养生健身、食谱等，但大家确实在谷歌上找到了满意的答案。

谷歌包罗万象

2011年，谷歌的吉姆·莱森斯基（Jim Lecinski）写了一本电子书，名为《制胜零关键时刻》（Winning the Zero Moment of Truth，ZMOT）。这本书改变了个人和公司的广告思路与营销方式。书中内容彻底颠覆了人们看待与解读顾客消费过程的方式，揭示了介于冲动消费（因为刺激而产生的行为或反映）与"第一关键时刻"（First Moment of Truth，宝洁公司创造的术语）之间的新领域，即零关键时刻。该阶段处于消费刺激和消费反应之间，指消费者会受到互联网信息的影响。顾客见到产品和服务就毫不犹豫地刷卡买单的日子已经一去不返。如今，顾客在决定下单之前有的是时间做前期调研。当然，顾客也不会在前期调研就浪费几个星期或者几个月，几小时甚至几分钟就足以令他们做出判断。谷歌的《制胜零关键时刻》一书中还提到80%以上的交易都是从搜索信息开始的，小到花不了几块钱的平装书，大到价值连城的喷气式飞机。顾客会把自己感兴趣的产品和服务输入到谷歌搜索框中，浏览搜索结果。

以汽车销售行业为例。按美国公民的平均消费水平来算，汽车是人们生活中的第二大消费品（仅次于房屋）。J.D. Power公司的数据显示，的数据显示，92%至99%的美国公民走进店面之前都会做些功课。前期调研的主题有很多，可能是关于价格、库存、服务，也可能是关于折扣信息、贷款申请、保险，也有的人只是想熟悉一下购买流程，方便到店购买。毋庸置疑，人们深受互联网信息的影响。毕竟，感知即现实。

请允许我用个人经历向大家解释一下谷歌零关键时刻的内涵。

某天早上，我正与妻子在健身房里两台相邻的跑步机上锻炼（先声明一点：卡琳娜是个疯狂的健身爱好者，迷恋与健身和健康相关的一切）。当时，我们俩正在两台相邻的跑步机上跑着，戴着耳机，听着苹果手机自带音乐软件播放的运动音乐，突然发现电视上蹦出一条旋转健腹器的广告。卡琳娜随即抬头微笑，仿佛自己就是电视购物中的健身产品体验者。她指着电视用唇语说："我要这个！"我却一脸无奈地看着她，仿佛在说："亲爱的，你疯了吗？不管你看中什么，能别扯上我吗？光是集中精力跑步就够累的了，稍一分心就可能掉下去摔破头。"后来，她边在跑步机上跑步，边用谷歌搜索了一下"旋转健腹器"，结果发现该产品在谷歌评价上只得到了两星半（满分是五星）。于是她丧气地关掉浏览器，继续听音乐，整个过程仅用时27秒！她将产品购买决定权交到了产品的老主顾手中。她可以通过阅读用户评价来确定自己是否愿意购买（或者冒险尝试）某一产品。回到主题，从对产品产生兴趣（即看到产品宣传片的时刻）到零关键时刻（即卡琳娜决定放弃该产品的时刻）竟然不到30秒！试想一下，旋转健腹器的宣传团队在产品宣传片上煞费苦心，耗费了颇多时间与精力，却在短短30秒之内就被谷歌评价全部推翻。模特在宣传片中展现的六块腹肌本应羡煞旁人，现在却丝毫引不起大家的购买欲。其实，我从妻子的眼神中就可以看出，这款健身器在她心中已经没有任何可信度了。模特不过是夸大产品效果，诱骗无知观众的演员，而非产品效果的有力证据。什么样的视觉刺激和购物欲望都比不上手机屏幕上的几条用户评价。用户的负面评价效果显著，直接导致妻子改变主意，放弃购买产品。这就是零关键时刻的真正力量。

然而事情还没有结束。大家可能觉得卡琳娜只是个案，不能代表所有人，毕竟世界上有70多亿人，她一个人能改变什么？这样想就大错特错了。诚然，在这个事例中，她只能代表自己，但且听我把故事讲完。

周日是布拉德利家族的家庭日，家里的直系和旁系亲属都会聚在一起吃饭和娱乐。健身房事件发生后的第一个周日，卡琳娜和姐姐坐在客厅里聊天，结果又看到了旋转健腹器的宣传片。当时，卡琳娜刚生下我们的第4个孩子，她姐姐则处于待产状态，马上要生第 3 个孩子。一般情况下，她们都会聊聊自己当前的健康状况和未来的健身需求、健身目标以及愿望清单。卡琳娜的姐姐看到健腹器宣传片后，激动之情溢于言表。你猜后来怎么着？当然是卡琳娜分享了自己在谷歌上看到的评价，迅速中断了姐姐的购物意愿。你看，这就是连锁反应。卡琳娜上网看了旋转健腹器的评价，决定放弃该产品。她姐姐看到了同样的广告，卡琳娜又迅速浇熄了她的购物欲望。试想，如果卡琳娜的姐姐遇到了想买这款健腹器的人，相信她也会劝阻别人不要购买，长此以往，负面信息就会不断传播。因此，大家必须高度重视谷歌评价。

顾客对谷歌寄予了高度信任。人们觉得谷歌上的信息都是真实可信的，是一切事物真相的来源。没有谷歌解答不了的问题。谷歌就是当代权威。多年前电视刚刚出现的时候，人们也是这样认为，但凡电视上播出的内容就肯定是真实可靠的，而报纸和杂志提供的信息则有待商榷。风水轮流转，如今是谷歌。人们觉得只要在谷歌上搜索问题，答案就会跟变戏法似的立刻出现。因此，谷歌一直致力于为搜索信息的用户提供准确的、相关的答案，力图巩固自己在信息搜索领域的霸主地位。

大多数人不懂谷歌搜索结果的产生原理，但他们都对搜索结果的可靠程度深信不疑。未来，人们依旧会相信谷歌，就像很多人不明白也不关心电流的工作原理一样，只要一直有电就行。人们知道电流一直在稳定工作，为家中的设备、电器甚至汽车提供电源。因此，人们喜欢用电，需要用电，依赖用电。同理，谷歌也是如此。

因此，大家必须全力攻克谷歌。明白谷歌是搜索引擎行业的龙头老大只是第一步，下一步则是理解谷歌，利用谷歌大富翁游戏策略主导谷歌，打造独家竞争优势。这些内容在后面的章节中会有详细介绍。

最初，人们能在谷歌上检索到的信息也很有限，不过整合搜索彻底改变了这一局面。2007 年，谷歌宣布可以整合多个网络信息源出现了"整合搜索"，这是整合了视频、图像、地图、新闻、信息和购物资源的模糊检索结果。谷歌的目的是进一步优化搜索过程，帮助用户快速找到特定信息。从传统检索到整合搜索的变革让信息检索迈上了一个新台阶。曾几何时，搜索不同类型的信息要登录不同网站。例如，搜索图片要上 Flickr 和 Photobucket，视频资源则集中在美国在线视频、YouTube、Metacafe、Viddler 等视频网站。早些年在谷歌搜索信息的时候，首页根本不可能出现图片、音频和视频信息。如今，我们凭借信息整合如鱼得水。

整合搜索中存在几个有趣的现象：65%的关键词有与之相关的视频搜索结果（比起静态的文字，人们更喜欢看视频）；40%的关键词有与之相关的图片搜索结果；16%的关键词有与之相关的新闻搜索结果；6%的关键词有与之相关的购物搜索结果；1%的关键词有与之相关的地图搜索结果。

这就意味着有了整合搜索，所有人通过单次检索就能从谷歌结果首页获得视频、图像和文章的组合资源。回到主题，搜索引擎优化为用户提供了方便高效的使用体验，实现了单次检索即可提供各类信息的功能，省去了访问特定视频网站和图像网站的麻烦。

解密谷歌搜索结果首页

本部分主要讲述谷歌的总体布局以及消费者发起搜索时可能出现的结果。谷歌页面有几个固定的组成部分，每个部分的目的、策略和焦点都不同，所用算法也有所区别。图2-1对谷歌搜索结果的页面进行了具体剖析，明确了每个区的功能。随后本书将对各个部分进行详细讲解。

讲解谷歌页面组成之前还要跟大家分享一个有趣的关键信息。该信息可以彻底改变不知情者对谷歌的看法，进而转变其在谷歌的宣传策略，从而有助于其赢得谷歌大富翁游戏。这个信息就是：只有5%的人会看完首页，继续浏览第2页。换句话说，95%的人都看不到谷歌（或者任何搜索引擎）搜索结果首页之后的内容。

理解上述数据的重要性非常关键。其实，商家在搜索结果中出现的次数并不重要。从统计学意义来讲，如果商户没有出现在第1页，基本就相当于没有曝光度。大家可以将谷歌搜索结果首页当作餐馆的菜单，不同的是这份"菜单"只有一页，上面列着10个重要的非付费"主菜"以及与之搭配的"开胃菜"和"甜点"。如果没有出现在"菜单"上，那大家怎么选择贵公司的产品和服务呢？这种概率可能跟中彩票差不多吧。只有挤上菜单，才能赢得客户。此时，我又联想到了关于我妻子的另一个故事。卡琳娜听说彩票奖金特别丰厚，于是兴高采烈地建议我立刻入手。

图 2-1　谷歌搜索结果页面分解图

注：点击付费广告区、非付费搜索结果区、谷歌＋商户区、新闻区、谷歌地图区、谷歌知识图谱区以及非付费搜索结果前 10 名。

她对各类赢面大的彩票如数家珍。此外，卡琳娜还畅想了一下中奖后的生活：首先，我们可以带着家人和朋友进行一次奢华旅行，改善一下住房条件，然后再向慈善机构捐款。照她的计划来看，中奖将会彻底改变我们的生活。真实情况是卡琳娜虽然说得天花乱坠，却从未买过半张彩票。于是我就跟她说："卡琳娜，你要想中奖，必须先买彩票呀。光说是不会发生奇迹的。"这里要再次强调，只有参与才有机会赢。

至此，大家都已经知道只有 5% 的人会看首页之后的内容。因此，介绍搜索结果首页的内容就显得尤为重要，讲解其曝光度、相关度以及如何利用各组成单元打造专属营销策略，实现主导谷歌的终极目标。具体组成如下：

- 点击付费广告（Pay per click，PPC）；
- 本地商户搜索（谷歌+商户）；
- 知识图谱；
- （非付费）搜索结果前 10 名：
  - 图片；
  - 视频；
  - 新闻；
  - 地图。

点击付费广告

这是谷歌的主要收入来源。据报道，2013 年谷歌的广告收入为 505 亿美元，而 2014 年第一季度的广告收入就已经达到了 139 亿美元，也就是说谷歌 2014 年的广告收入可能高达 550 亿美元，同比增长 10%。在过去的 10 年里，谷歌的广告收入一直快速上升，没有任何放缓迹象。介绍这些关键指标主要是为了突出谷歌点击付费项目的真相。

真相就是仅有 6% 的用户会点击这些付费广告！换句话说，94% 的人会直接跳过点击付费广告，浏览非付费搜索结果。这个数据可能在很多人的意料之外，但包含的信息却非常丰富。该比例再次印证了用户远比营销人员和企业主想象的精明这一事实，而且人们已经受够了被迫观看商业广告。互联网广告也是如此，谷歌广告也不例外。人们都知道搜索结果前三行以及右侧竖排广告是谷歌推送的商业广告。它们之所以排名靠前都是广告费在作祟。这些内容排名再靠前也只是付费结果，不代表最佳结果和最可靠结果。实际上，前面的搜索结果还被圈在浅橘色的方框里，旁边标注着"广告"的字样。商家的广告意图还能再明显一点吗？然而，绝大多数用户都没有给这些广告留机会，他们看都不看，直奔主题，寻找自认为真实有效的信息，即非付费搜索结果的前 10 名。

然而点击付费广告仍是一种强势可行的数字营销方式，但绝非最佳方式。秉承要事第一的原则，数字营销领域还有很多重要方法，其投资回报率远高于点击付费广告。

点击付费广告应当只是非付费搜索优化的补充，而非营销的首要目标。不管预算多少，商家都不应该将点击付费广告作为提升曝光度的唯一方法。这就相当于把鸡蛋都放进同一个篮子里，其危险程度是显而易见的。如若预算紧张，这种做法就更不可取，点击付费广告根本就不应该成为第一梯队的备选项目，非付费搜索优化才是首要目标，点击付费广告则负责锦上添花。然而无论如何，你都要制订切实可行的非付费搜索计划。

谷歌本地商户

谷歌本地商户（前身为谷歌＋本地）可以帮助人们找到本地商户的位置，该功能整合了一系列可供选择的本地商户服务。谷歌的评分系统满分为五分。顾客在进店选购产品和服务前可以先行上网在系统内浏览和评价商户、产品以及服务。这就是零关键时刻的内涵。谷歌本地商户为消费者、购物者、潜在客户、研究人员和随机浏览网页的人们提供了最权威、最相关的本地情报。谷歌评价系统采用了扎格特式（Zagat-style）评价总结，可以帮助人们排除错误选项，进而影响人们的消费行为。很多人都将互联网作为前期调研工具，但其主要目的并非寻找特定产品与服务，而是排除一些错误选项。

商户可以对谷歌本地商户页面做以下调整，填充有吸引力的内容，例如：

- 图形标题。商户可以定制专属的企业宣传标志，提升公司宣传页面的专业度。
- 图片。商户可以上传公司、员工、客户以及产品名录的照片。所有与商户相关的照片都可以上传。
- 上传下述几种视频。设备概览、用户好评或反馈、操作教程、价值主张视频。
- 优惠券。
- 文本内容产品或服务的内容。
- 营业时间和联系方式，包括邮箱地址、电话号码（记得添加点击即可拨打的功能）和地图（包括公司地址）。
- 评价。客户、用户、粉丝、产品、服务、环境设施评价。

评价是商户与公众互动的机会,不管正面评价还是负面评价都能展现商户人性化的一面。现实是我们不能保证所有人在所有时间都完全满意。人非圣贤,孰能无过。解决问题正是宣传自己的最佳时机。应对负面评价和客户抱怨的方式最能体现商户的经营态度,是商户树立公众形象的绝佳机会,可能会产生意想不到的积极效果。如果处理得当,点石成金也绝非妄想。我就曾亲眼看见此种绝处逢生的场景,攻击商户的网民竟然转变为当初攻击对象的终极粉丝与坚实拥趸。无论何种情况,我们都有机会向客户和粉丝表达感谢,让心存怨气的顾客转怒为喜。

谷歌知识图谱

知识图谱是谷歌2012年5月上线的一个功能,该功能可以理解人物、地点和事件之间的复杂关系,并将其有机结合到一起。例如,在谷歌上搜索"福特"这一关键词,我们会发现谷歌搜索结果页面右边有一个很大的矩形图框,内含诸多信息,具体如下(详见图2-2):

- 福特的谷歌+圈子里有多少人;
- 随时随地在知识图谱上关注谷歌;
- 公司简介;
- 股票价格;
- 福特的道路救援电话号码;
- 公司首席执行官姓名和福特总部的信息,并附带超链接,点击即可获得更多信息;
- 最近的新闻推介;
- 底部为除"福特"外,其他用户在搜索哪些相关信息。

2005年前后,Metaweb公司开发了一款名为Freebase的软件,自称是"名胜古迹及其他著名事物的云校正数据库",这很大程度上支持了谷歌图谱的运行。

曾几何时,Metaweb公司的Freebase甚至还威胁到了谷歌搜索霸主的地位。于是2010年谷歌私下认购了Metaweb和Freebase软件。想要了解谷歌必须首先明确一点:谷歌是由内容和数据驱动的搜索引擎。因此,谷歌不断将各种渠道的信息整合到整齐简洁的方框中,即"知识图谱",与谷歌最初的"提供整合的网络资源"这一概念目标完全契合。

图 2-2　谷歌＋商户页面的典型范例

注：联系方式清晰完整，介绍图片清楚，相关照片上传完整。此外，页面还有多个评价，公司业务范围也一目了然。

　　如果搜索某人、某公司、某服务或其他特定事物的人很少，谷歌可能就不会为该词条构建单独的知识图谱。谷歌开发该功能的原因是有些关键词、关键人物、关键地点和关键事物的搜索量很大，所以谷歌有必要以最清晰的形式提供最好、最准确的信息。谷歌每天的搜索次数高达数十亿，它希望通过展示数据搜索的相关信息鼓励用户深挖某一主题。例如，搜索"达·芬奇"这一关键词，谷歌页面上就会呈现展示列奥纳多·达·芬奇生卒年月、墓地位置、传世发明以及著名画作图片集的知识图谱。借助知识图谱展示的相关信息，用户不仅可以了解有关达·芬奇的更多信息，还能借机了解其他可能感兴趣的话题。

我坚信谷歌知识图谱是搜索的未来发展方向。试想，谷歌的目标是尽可能快速高效地向用户提供所需信息。如果无须点击网页就能获取特定人物、地点和事件的全部信息，这该是多么惬意的事情呀！

话虽如此，但丰富谷歌知识图谱还有很长的路要走。例如，现在在谷歌上搜索"福特"，我们会得到与福特汽车公司相关的大量有趣信息，其中包括公司简介、客服电话、当前股票价格、现任首席执行官。然而稍加思考就能发现，仍有很多相关信息没有出现在页面上。

虽然知识图谱展现了搜索技术的重大进步，但我仍坚信这只是谷歌诸多绝招中的皮毛。根据谷歌的设想，未来将是知识图谱的天下，使用谷歌知识图谱中的内容相关式搜索肯定非常酷。假如这一功能得以实现，用户在搜索"福特 F-150"这一关键词的时候，网页上不仅会出现福特汽车公司的相关信息，还可能帮大家比较道奇1500、丰田坦途以及雪铁龙索罗德等几个车型。要知道，谷歌的宗旨是基于用户的搜索目标，向用户提供最为相关的信息，知识图谱这一功能刚好就表明了谷歌的愿望，因为用户无须点击进入某一网页就能获得特定信息。

据我预测，知识图谱是未来搜索的发展方向。以下数据可以证明我的观点：目前，用户为了获取更多信息可能需要多次点击网页，不断进入次级页面，然而每多点一下，商户就会失去24%的受众。毋庸置疑，用户都想快速获得所需信息。还记得我曾提过的当今社会用户耐心缺失吗？用户都要求应需服务。因此，如若不能及时提供用户所需信息，那么后果就不言自明了。

谷歌知识图谱不仅能将用户所需信息以用户期待的方式呈现出来，而且速度极快。因此，用户无须在静止网页上浪费时间，也不用多次进入次级页面才能找到电话号码或者其他有效信息，何乐而不为呢？我们能在谷歌搜索结果首页的知识图谱上即时看到最相关、最热门的信息列表。再次以福特为例，知识图谱中的一个关键信息就是福特公司的道路救援电话。这类信息简直太方便了！只需在谷歌搜索框里输入"福特"，就能轻松获得有用信息。搜索结果首页的知识图谱上就有道路救援电话。这还不算最好的，如果我们用手机搜索就会发现还有"一键拨打"的功能。这简直太贴心了，尤其是汽车出现紧急故障的时候。我们不用进到福特汽车公司网站特意寻找福特道路救援这一条目。实际上，只消在谷歌上输入"福特"二字，即可轻松获取所需信息，是不是很神奇（详见图 2-3）？

图 2-3　知识图谱及各类相关网络信息

注：图为搜索结果页面自动出现的知识图谱及各类相关的网络信息，包括电话号码、公司信息、维基百科内容、社交媒体账号及其他相关结果。

如今，谷歌已经成了人们寻找商业服务的万能工具。绝大多数人已经抛弃了黄页和电话本这些老古董，因为谷歌完全取代了它们的功能。何况大多数人都能随时利用手机登录谷歌。因此，方便、先进的谷歌必定会成为电话搜索的替代工具。

非付费搜索结果"前 10 名"

非付费区域指的是付费广告下方及左侧区域的用户，无须为出现在该区域的搜索结果付费。（非付费）搜索结果前 10 名是谷歌当之无愧的"首要席位"，也是网站管理员和搜索引擎优化专家想要努力达到的"圣殿"。

这10个席位堪称营销界的"海滨大道",大家都垂涎欲滴,跃跃欲试。谷歌经常变化算法(稍后会详细讲解),目的就是不让大家轻易登上首页,尤其是那些搜索量高、竞争激烈的关键词和关键词组。我并不是说谷歌故意使坏,刁难大家,谷歌的目的是优化网站的用户体验(提升网站秩序感)。让鸡肋信息和无关网站远离首页的最佳方法就是给网站管理员制定一套严格的规则。此外,江山易得不易守,保持成绩才是真正的长期目标。在搜索引擎行业中,可持续性才是关键。谷歌也不例外。

想要荣登谷歌非付费搜索结果前10名并长期在榜单占据一席之地,我们需要先行了解一些信息。我们需要明白谷歌对网站和通用搜索内容排名的机制。以下信息将帮助各位读者理解谷歌运行过程以及运行原理的关键内容。

1. 不管是在互联网上发布何种形式的内容,包括网站、视频、图像、音频、动态消息、新闻稿件、博客文章、社交媒体以及向工商名录提交信息,索引过程都是从搜索引擎开始的。通常是上传一个可扩展标记语言格式的网站地图文件到谷歌网站管理工具账户或者其他搜索引擎提供的同类软件中。

网站地图是一种标准协议,网站管理员可以利用该协议通知搜索引擎此处有可供爬取的统一资源定位器(即网址)。如果怀疑网站没有出现在搜索引擎中,我们应当首先打开谷歌网站管理工具账户,查看网站地图文件是否已上传,或者谷歌是否想要网站修改错误。

2. 谷歌一旦认可了网站地图 .xml 文档的有效性,就会"派出"搜索爬虫爬上贵公司网站,阅读、倾听和扫描网站内容,并将其与别家竞争相同关键词和搜索引擎结果页面(search engine results page,SERP)席位的网站进行对比。根据谷歌的最新算法推测,网站排名是由相关度决定的。如果贵公司网站内容符合谷歌搜索算法要求,排名自然会靠前,出现在搜索引擎结果页面前10名的概率也会大大提高。

3. 很多人可能不知道,谷歌每年至少会更新五六百次算法。由此可见,谷歌想要利用搜索引擎为用户提供超凡体验的苦心也是颇为感人的。稍微计算一下就可以得出每年五六百次的更新量约等于每天更新两次,全年不停!此外,谷歌还会不时地抛出重大革新,如下所示。

- 企鹅算法

　　谷歌的"企鹅"搜索算法更新可以追溯到2012年4月，其主要目标就是应对搜索引擎优化中的"黑帽"技巧（例如购买链接、参与链接农场或者链接生产网络，以期提升谷歌排名）。黑帽搜索引擎优化指的是利用谷歌的排名漏洞作弊取巧，获取更高排名。

　　该更新的最主要原因就是谷歌不赞同、不鼓励任何针对其搜索引擎的旁门左道与作弊行为。谷歌的宗旨是为用户提供条理清晰的信息搜索平台。很显然，作弊行为有违这一原则。

　　这表明谷歌一直都在关注新型作弊方法，这也是其不断升级系统的唯一原因。要知道，企鹅算法就是垃圾信息的终结者。

- 熊猫算法4.0

　　2014年5月19日，谷歌发布了熊猫算法4.0，目的是应对垃圾网站。2011年2月，谷歌发布了熊猫算法的早期迭代版本，比企鹅算法更新早一年多。二者的主要区别是熊猫算法专注于降低特定网站的排名，如重复宣传内容，没有实际含义的网站。美国企业新闻通讯社（PR Newswire）和易趣（eBay）就曾经遭受重创。早前有报道称，易趣因拥有太多垃圾信息而受到谷歌严惩，丢掉了80%的非付费搜索排名。总而言之，谷歌的官方使命就写明了"整合全球有效信息，使人人皆可访问并从中受益"，其中关键词在于"有效"。

　　为了在谷歌熊猫4.0算法中如鱼得水，大家在编辑信息时应该在质而非量上多下功夫。随着谷歌算法的不断更新，搜索引擎也变得愈发智能。电脑程序（也就是算法）竟然能够深度理解网站内容并进行质量评价，堪称逆天。

- 蜂鸟算法

　　蜂鸟算法是谷歌发布的另一款新型算法，因精准而得名蜂鸟，堪称近十年来最具颠覆性的算法。谷歌基本脱胎换骨，重构了搜索引擎体系。有了新型蜂鸟算法，谷歌不光能理解网页关键词，还能理解关键词背后的上下文含义。正如大家见到的，谷歌每发布一个新算法，搜索引擎都会变得更为智能。10年之前，谁又能想到电脑程序竟然可以理解文字的语境，况且语言本身并非可以清楚说明的事情。

　　在蜂鸟算法发布之前，网站内容写作都是有套路的。我们可以在语句中尽量多添加关键词，例如，"欲寻新泽西州纽瓦克2012款低价道奇皮卡，快来我们二手卡车车行，保证物超所值"。按照规定方式写作网页内容就有可能提升网站排名，这一点大家都心知肚明。

　　然而谷歌在采用蜂鸟算法之后，本身就能根据上下文找到更多相关信息，堆砌关键词的效果和反馈就变得大不如前。因此，我们现在必须以关键词为框架提升网页内容质量。再次以 2012 款道奇皮卡为例。如果网页主要信息是关于 2012 款道奇皮卡的，我们应该多写一些跟皮卡本身相关的内容，这样反倒比不断变化措辞，重复"新泽西州 2012 款特价道奇皮卡"这类无效信息效果好得多。我们可以用大段篇幅描述车辆基本信息及细节，提供高质量信息，而非反复强调特定关键词。

除了了解网站页面内容上下文，蜂鸟算法还能审视和理解用户输入的所有搜索词条，利用上下文搜索为用户提供最精准的信息。蜂鸟算法偏爱网页内容上下文，而非简单的关键词重复。蜂鸟算法会严谨地审视搜索词条中的每个字眼，而非走马观花地挑拣重要关键词或关键词组。这意味着同之前的算法相比，谷歌更看重单词背后的含义以及与主题相关的上下文内容，关键词数据已经不那么重要了。关键词密集轰炸的网站不是谷歌所需要的，内涵丰富、质量上乘的网站才是。

大家可能听过"内容为王"的说法，这也是蜂鸟算法体现的理念。因此，谷歌一定不会亏待内容上乘的网站。

- 鸽子算法

2014 年 7 月 24 日，谷歌发布了一款未命名的新型局部搜索算法更新程序。www.searchengineland.com 的网站内容策划人员很快就帮其取了一个代号——鸽子。大家都知道算法更新会影响商家在谷歌的局部搜索排名以及地图排名。这次，谷歌搜索工程师破天荒地公布了算法所含内容。

一些商家注意到原来位于地图包（与非付费搜索引擎结果页面一起出现的地图排名）的搜索引擎结果页面出现了变化，有的莫名消失了，有的则被全球网站代替了，例如亿客行（Expedia）和好订网（Hotels.com）。

即便如此，搜索引擎结果页面在展示地图包排名的时候还是略显分散。现在谈论网站策略重大转变还为时尚早。如果贵公司网站、店铺或品牌已经受到影响，那么可能需要耐心等待一段时间，因为搜索引擎优化专家要先等算法稳定，才能想出针对性策略。

目前最好的应对办法就是切实保证网站能够完整覆盖其他概念清晰且有据可查的算法（企鹅算法、熊猫算法和蜂鸟算法）。

页面元素

早前，有人暗示过页面元素——网页标题、描述、统一资源定位器等（第 4 章将会对这些信息进行详细描述）将变得不再重要，但是据我观察，这些元素依旧高度相关。搜索引擎天地（Search Engine Land）曾发表过一篇内容翔实的综述文章，再次验证了页面元素的重要性。

目前为止，我已经多次提到过"算法"这一关键词。算法指的是数学程序或数学公式，可以用来整理数以万亿计的网页、图片、视频、文章等各种形式的内容，并基于相关公式对内容进行特定排名。算法程序会从内容和上下文中寻找线索，并按照用户喜好为其提供信息。搜索引擎功能十分强大，具体有语音识别、面部识别、像素识别、（虚拟）逻辑、假设、关联、比较和地区搜索（地理定位）。

谷歌的算法依靠200多个"线索"或者独特信号来了解用户真正想要寻找的信息。

本书第1章主要描述了曝光度的重要性以及数字营销才是提高网络曝光度的性价比最佳的选择；第2章则解释了如何才能集中精力利用互联网的最佳平台与最佳资源——谷歌，以及为何谷歌知识图谱是数字营销中的最重要策略。接着，第3章将逐一分析谷歌首页的各个元素，阐明如何才能将大富翁游戏的原则与目标应用其中。"谷歌大富翁游戏"的完整概念与策略都将在第3章中得以展现。

Dictionary.com将"垄断"一词定义为对某一事物的单独占有或控制。大家可能会想起小时候甚至最近还在玩的一款桌游——大富翁。不管怎样，我们都可以把谷歌当作一盘大富翁游戏，将搜索结果首页视为游戏战场——提高曝光率和消费勘察都是大家梦寐以求的目标，所有人都想实现对稀缺资源的单独占有或完全掌控。鉴于有人可能没有玩过大富翁游戏，本书将对游戏进行简要介绍，玩过的人权当追忆往昔。在大富翁游戏中，玩家的目标就是在最短的时间内多赚钱，主要玩法就是在游戏中购置房产。简单地说，玩家拥有的房产越多，其他玩家就越有可能落到其名下房产的领地，一旦落到其名下房产的领地，就需要支付租金。房产价值越高，租金也越高。落到某一玩家领地的人越多，该玩家得到的租金就越多，炫耀的资本也更丰富，对手就破产得更快。因此，你的终极目标就是尽量多地获得房产，尤其是（价值）排名最高的，然后用心经营，获得大额收入。

只有5%的人会看搜索结果首页以后的内容。举例来说，在谷歌上搜索"汽车互联网销售"会出现1.47亿个结果，即有关"汽车""互联网""销售"及其排列组合的结果高达1.47亿。搜索结果虽然浩如烟海，但是95%的人还是只看搜索结果的第一页。搜索结果的数量并不重要，1000个也好，100万个也好，甚至10亿个都好。95%的人就是不关注第一页以外的内容。因此，谷歌搜索结果首页才是大富翁游戏的战场。每个谷歌结果排名都是一个房产或者一份物业。首席"非付费"搜索结果就相当于"海滨大道"，是曝光度最高的稀缺豪宅，租金自然也最高，跟现实生活中的房产并无二致。我出生于纽约，但凡大家对纽约的房地产行业有所耳

WIN THE GAME OF GOOGLEOPOLY

第3章 主导搜索结果首页的策略

闻，就肯定知道这里寸土寸金。房屋地段越好，价格就越高，租金也越高。谷歌搜索结果首页也是如此。搜索结果排名越靠前越好。

占据非付费排名首席位置的商户也是如此。雄踞非付费排名结果首页意味着贵公司会最先被用户发现，最先被人点击。如果顾客按照网页的引导递进，发现确实不错，商户就极有可能赚得盆满钵满。特别提示：如果贵公司在互联网宣传上花费了颇多心力，那么请务必保证将顾客引至对的地方，譬如能代表个人、产品和服务最高水准的网站，否则前面的努力都会白费。务必确保在线品牌形象（标识、图标和信息）的高质量。话说回来，谷歌搜索排名第一也只是一个契机。谷歌排名只能代表曝光度，并非顾客的消费保证。剩下的还要靠自己努力。以音乐界最著名的歌手为例。他们有大把机会获得顶级唱片公司支持，赢得海量曝光。但无论如何，歌手自身才华都必须过硬。唱片公司无法强迫公众成为某个歌手的粉丝，也不能逼迫大家购买歌手的音乐唱片或周边产品。歌手必须歌艺惊人，否则怎样增加曝光度都是白费力气。因此，再次提醒大家务必保证宣传内容制作精良。我曾见过不少经销商花费重金将流量吸引到网站上，但最终却没能将其转化为销量，用户跳出率极高。大家千万不要重蹈覆辙。

回到谷歌大富翁游戏，海滨大道是首席位置，第二名是公园广场，第三名是宾夕法尼亚大道，第十名则是印第安纳大道。印第安纳大道虽然不及海滨大道奢华，但仍旧属于高档区，有机会扳倒顶级房产。贵公司在谷歌首页出现的次数越多，竞争者、第三方供应商、广告等其他事物出现的机会就越少。道理就是这么简单。然而游戏最有趣的地方在于玩家可以不断增加自己的不动产价值，进而影响周围的房价与酒店价格，最终增加提高收入的概率。例如，视频和图像就是不错的方法。如果策略得当，精心打理的毛坯房可能比酒店林立的海滨大道和公园广场价值更高。本书的目的就是提供此类策略，让你在海滨大道和公园广场酒店林立的情况下，运用组合方法打造终极大富翁游戏策略。例如，第5章主要讲述了视频搜索引擎优化，可以助贵公司获得更多"房产"，增加"房产价值"，最终玩赢谷歌大富翁游戏。

说回互联网汽车销售行业，各位在浏览"互联网汽车销售"这一搜索关键词的时候会发现谷歌搜索结果首页内容不多：只有9个点击付费广告，1个视频，然后是谷歌前 10 名——总共只有 20 条记录。以该词条为例，谷歌总共提供了 1.47 亿个相关结果，但几乎所有人都只看前 20 条结果，想必这一点大家都已经十分清楚。

仅有海滨大道的房产是无法赢得大富翁游戏的。实际上，即使拥有公园广场和海滨大道的房产及其酒店，玩家也很难赢得游戏。在谷歌大富翁游戏中亦是如此。仅有一家网站就妄想赢得谷歌大富翁游戏的胜利简直是异想天开。无论多么出众的网站都只是一个网站，只能有一个域名，只能在谷歌首页上出现一次。

大家可能会想："我如何才能拥有自己的谷歌房产？"很简单，只需让网站内容挤上谷歌首页即可。各位要知道，只有一个网站是不可能主导谷歌的。具体地说，目前有两种搜索引擎优化策略（search engine optimization，SEO）：

1. 站内优化；
2. 站外优化。

站内优化指的是所有网站内容的优化：

- 标题；
- 描述；
- 元标签 / 关键词；
- 网站导航；
- 锚文本；
- 关键词密度；
- Alt 标签；
- 图片；
- 视频；
- 网站地图（可能多于一个）；
- 视频地图（可能多于一个）；
- 加载速度；
- 相关内容；
- 独特的内容；
- 结构数据 / 文本摘要；
- 紧跟谷歌算法与更新。

大家可以通过合理优化网站，提升网站排名，以期在谷歌搜索结果首页占据显著地位（这才是终极目标）。

然而问题就出在这里。即使贵公司拥有最惊艳的网站和顶级的搜索引擎优化策略，也不过是互联网海洋里踽踽独行的一叶小舟——贵公司出现在谷歌首页上的机会只有一次，只能占据一个位置。无论多精美的单个网站都不足以主导谷歌或者在竞争中脱颖而出，毕竟还有如此多的竞争对手，包括点击付费广告、排名前10的非付费搜索结果、图片、视频、新闻等。仅凭一叶小舟就想实现公司目标无异于痴人说梦，我们必须将自己打造成西班牙无敌舰队般的海军战队。站外搜索引擎优化就是各位的不二选择。

站外搜索引擎优化是站内搜索引擎优化以外的所有内容的优化：

- 社交媒体如Facebook、Twitter、领英、Instagram等；
- 图片、照片分享网站如Flickr（雅虎旗下图片分享网站）、Photobucket（美国一个影像寄存、视频寄存、幻灯片制作与照片分享的网站）、Pintenest（照片分享网站）等；
- 视频和视频搜索引擎如YouTube、Vimeo等；
- 主站和微网站；
- 在线形象；
- 博客文章；
- 移动营销；
- 新闻发布；
- 音乐/音频应用，如iTunes、Beats等。

大家可能觉得颇为惊讶，这些平台竟然也有搜索引擎价值。社交媒体不仅仅是朋友聊天的地方，其优化的作用非常强大，不仅有利于帮助贵公司在谷歌首页争得一席之地，还能为顾客提供另一种形式的信息。谷歌算法的一部分就是内容与其他站点的相互关联。具体地说，流量大的网站能提高内容在公众心里的可信度。以Facebook为例，Facebook用户超过10亿，每月浏览量高达数百万。因此，如果贵公司合理优化了Facebook内容，而且Facebook页面和个人发文上还提到了相关内容，那它们就很可能登上谷歌搜索结果首页。由此，社交媒体，尤其是Facebook，就成了搜索引擎优化的内容孵化器。

另一个例子就是图像和图像优化。以Flickr或Pinterest为例。这两个网站都属于社交媒体网站和（或）图片搜索引擎。大家都可以往 Flickr 或 Pinterest 上传图片。上传到网站上的图片就可以得到全面优化。优化过后的图片就有了各自的统一资源定位器。因此，每幅图片都有机会登上谷歌搜索结果页面首页。在此澄清一点，并非在 Flickr 或 Pinterest 上优化了图片，就能提升页面排名。事实是，各位必须将图片上传到 Flickr 或 Pinterest，并按照搜索引擎优化的标准合理优化图片，照片才有可能光荣上榜，并在搜索结果首页占据一席之地。

视频和视频搜索引擎优化也是相同的套路。每个经过合理优化的视频都有可能登上谷歌搜索结果首页。视频是单位时间最为耗神的内容。与静态内容相比，谷歌更喜欢视频内容。因此，如果贵公司对视频内容进行了合理优化，就能获得比传统网站更多的优势，排名上升得就更快，所占位置也更加显著。

试想一下，登上首页对各位的生意及其整体策略的影响有多大。用户在搜索贵公司的时候，不仅能在谷歌搜索结果页面找到贵公司的网站，还能找到如下内容：

- 视频（1 至 3 个）；
- 图片；
- 社交媒体（贵公司的 Facebook、Twitter 和领英等）；
- 博客；
- 贵公司在谷歌 + 和 / 或 Yelp 上的顾客评价；
- 主站 / 微网站。

这样就能在前 10 个结果中占据 6 到 8 个席位，即谷歌首页的 60%～80%！记住，各位在谷歌首页上出现的次数越多，竞争者、第三方供应商、广告商等其他结果出现得就越少。

不仅如此，营销内容多样化还有其他益处。在这方面，营销和投资都是一样的。假设我们手中有 1 万美元，可以将其全部投资到一只股票上，然后盼着股价狂涨，但事实却是股票有涨有跌，难以预测，涨价只是我们的美好愿望。在美好愿望上投资 1 万美元着实有些奢侈。当然，如果我们手头有 1 万美元，完全可以投入到若干共同基金中，分散投资行为。一般来说，一只共同基金会包含好几只股票，假设有 10 只股票，每只投资 1000 美元将完胜 1 万美元全部投资 1 只股票。因为这样我们就有 10 次达成愿望的机会。投资共同基金的好处是在风险最小化的同时，将投资者的盈利概率提到最高。

然而大部分人都没有意识到这一点，所以他们只买一个或者构建一个网站，然后等着网站带他们到达理想中的应许之地——客户、粉丝、生意和机会全都不请自来。事实上，仅有一个网站是完全不够的。站内搜索引擎优化或者网站只应占整体宣传策略的25%。也就是说，贵公司的曝光度/数字营销策略中应有75%集中在站外搜索引擎优化上。

只有搜索引擎优化策略多样化，曝光度才能最大化，风险才能最小化。

本书前面章节曾对谷歌搜索结果首页的不同元素进行了拆分讲解。首页上有点击付费广告（PPC）和非付费搜索结果前10名。贵公司在制定专属谷歌大富翁游戏策略时必须时刻牢记要事第一的原则，即主导谷歌搜索结果首页是最重要的事情。贵公司应该精打细算，把有限的时间和金钱花到刀刃上。当然，这就意味着贵公司需要锁定非付费搜索结果前10名。然而有些人却跳过非付费搜索结果，直接制定点击付费广告策略，完全不考虑非付费搜索结果的占有率和非付费搜索策略。这完全就是浪费时间、浪费金钱。了解本书理论后，打算通过点击付费广告赚钱的人可能会有所动摇。其实他们内心深处对事实一清二楚。大家要知道，是谷歌告诉我们只有很少一部分人会点击付费广告，绝大部分人会跳过点击付费广告，直接浏览非付费搜索结果。

有的人可能有不同看法，通常这些人会说："我买的是点击付费广告，所以有人点击我才需要付钱，这有什么问题呢？"只有用户点击贵公司广告，贵公司才需要付钱。如果无人点击，贵公司无须付出任何费用。这点道理我当然明白，但问题并不在此。如果贵公司广告预算只有1000美元，或者10 000美元，再或者无论贵公司预算有多少，但大部分或者全部预算都花到了点击付费广告上，而其只占点击量的6%到12%。为何要将数字营销的大部分预算或者全部预算押宝到成功概率只有6%到12%的事情上呢？相反，非付费策略的成功概率高达88%到94%。相信正常人都会做出正确选择。再者，假设真的有人点击付费广告进入网站，但里面没有内容，那事情就全完了。此外，有了非付费搜索引擎优化，网站、大型网站、社交媒体网站、在线评论、图片或者视频都成了可供利用的免费资源。无须任何资金投入即可获得大量点击机会。假使非付费搜索引擎优化策略恰当合理，那么这些内容就能长期雄踞搜索结果首页。内容越多，对搜索引擎的渗透就愈发深入，脱颖而出的机会也就更大。

将时间、精力和/或金钱投入到最有成效、剩余价值最多的非付费搜索引擎优化中才是合理之举，这一点是毫无疑问的。非付费搜索引擎优化最好最重要的一点就是完全免费！尤其是在将本书内容融会贯通以后，各位完全有能力打造强大且免费的搜索引擎优化策略。其他个人和公司每月都要在点击付费广告上花费数千甚至数万美元，而大家完全可以不花一分钱就产生更大的影响。

谷歌是世界上最具影响力的公司之一，大家必须深刻理解并时刻牢记这一点。谷歌是上市公司，市值高达数十亿美元。因此，谷歌的使命就和红十字会完全不同，它是一家逐利的公司。谷歌大部分收入来自广告，尤其是点击付费广告、访客找回广告以及前置型广告。谷歌当然不会公开宣传如何打败自己的系统，而是要千方百计保守秘密——由此才诞生了第 2 章所提及的算法更新，例如蜂鸟算法和熊猫 4.0 算法。州警察会想让酷爱飙车的司机们都装上雷达探测器或激光探测器吗？当然不可能！谷歌也是如此，它肯定会卖力宣传点击付费广告及其他货币化广告策略的好处与优点。这无可厚非，谷歌的每个策略都有不同价值，作用都是提升曝光度。本书并不是批评谷歌兜售效果不佳的万金油策略，而是想让大家明确一点：要事第一。务必将资金和精力投入到成效最显著的方法上，获得最持久、最有效的结果。这才是谷歌大富翁游戏策略的最关键环节。

具体来说，本书将为各位制定赢得谷歌大富翁游戏的战略，揭秘搜索引擎排名的策略。各位的目标是拿下搜索引擎首页的所有非付费搜索席位。以下就是本书将要详细讲解的话题。

- 主站。
- 视频搜索引擎优化。
- 图像搜索引擎优化。
- 谷歌 +/ 社交媒体：
  - 本地排名；
  - 地图；

- 谷歌评价。
- 知识图谱。
- 在线形象/企业名录：
   - Yelp；
   - Merchantcircle；
   - Angie's List；
   - 黄页。
- 新闻发布/动态消息。
- 主站/微网站。

然后大家就可以关注付费营销方式了。例如，点击付费广告、访客找回广告、陈列式广告和移动广告。

正如本章开头提到的，只有海滨大道房产是赢不了大富翁游戏的。虽然海滨大道房产在整个游戏中价值最高，但远远不够。谷歌大富翁游戏也是相同的道理。各位需要在付费广告和非付费广告中找到平衡，制定一套完整的协同策略，这样才能赢得谷歌大富翁游戏。

不知各位是否还记得先前提到过的互联网汽车营销？如果各位在谷歌上搜索"互联网汽车营销"这一词组，会在搜索结果首页上发现以下信息（详见图3-1）：

- 1.47亿个结果；
- 9个点击付费广告；
- 10个非付费搜索结果；
- 1个视频。

1.47亿个结果总共有20个佼佼者出现在谷歌搜索结果首页，大家猜猜我在20个结果中占据多少席位？4个！没错有4个结果属于Dealer Synergy Inc.。以下为这4个结果的来源：

- 1个点击付费广告宣传；
- 1个视频（已优化）；
- 1个网站，该网站是Dealer Synergy Inc.为客户打造的在线社区；
- 1个会议，这是Dealer Synergy Inc.举办的为期3天的工作坊。

第 3 章
主导搜索结果首页的策略

图 3-1　互联网汽车营销搜索结果及详解

注：该页面为"互联网汽车营销"这一关键词的搜索结果首页以及 Dealer Synergy Inc. 在该页面的详解。Dealer Synergy Inc. 在非付费搜索结果中出现三次，分别是：互联网汽车销售社区、公司老板的 YouTube 频道，以及 Dealer Synergy Inc. 主办的会议。第四个则是会议的点击付费广告。

　　更疯狂的是公司主站竟然没有出现在谷歌的首页，排名已滑至第 3 页！某种程度上来说，"互联网汽车营销"这一关键词竞争很激烈，而谷歌每年都会更新五六百次算法！因此，什么事情都有可能发生。搜索引擎优化是一个连续的过程，不间断地进化，从不停息。我的公司资产高达数百万美元，但如果只有公司主站这一个网站，那么用户在搜索"互联网汽车营销"时就不会看见我的网站，就跟网上绝大多数可怜的人群和公司一样。不过我是谷歌大富翁游戏高手，所以虽然公司主站没有登顶首页，但是公司其他内容仍旧占据了谷歌搜索结果首页非付费结果的首席及其他三个位置。在茫茫 1.47 亿个搜索结果中，我不只在搜索结果首页出现 3 次，还在搜索结果首页的非付费区域出现 3 次，付费区域出现 1 次。因此，我算得上在 1.47 亿个搜索结果中脱颖而出，仅在首页就出现了 4 次。亲爱的朋友，这表明本书的谷歌大富翁游戏策略高效可行！我刚刚分享的只是一个极端的事例，目的是向大家展示谷歌大富翁游戏策略的真正力量。实际上，大部分人都不会参与搜索结果数量高达1.47亿的关键词、关键短语与搜索行为。我名下还有一家全国性的培训咨询公司，目标市场是数十亿美元的汽车销售产业。美国境内有17 500多家连锁经销商，25万余名专业汽车销售人员。我举例所用的关键词属于大型行业，几乎所有人都会搜索。如果我能在竞争如此激烈的行业打造如此强势的主导首页（page one dominance, POD）策略，那各位肯定能在所属行业大有作为。如果贵公司市场没有瞄准全国，或者贵公司不需要也不想占领全国市场，只想或者只需要本地流量或者本地交易，那么主导谷歌首页就更快、更容易了。主导谷歌并非难事，只是大部分人都不知如何行动。甚至一些所谓的专家顾问和搜索引擎权威都对功能强大的谷歌大富翁游戏策略一无所知。大部分人不会使用多样化策略来参与、应对和主导谷歌搜索结果首页。如果各位能够将本书策略融会贯通，一定会获益匪浅。不光主导首页不在话下，甚至还能打造独家市场竞争优势，碾压对手，将对手的前途和机会都占为己有。

至此，本书已经详细解释了谷歌大富翁游戏的概念，随后我将利用各个章节对谷歌大富翁游戏的每个部分逐一进行介绍。本书的宗旨帮助读者实现营销策略多样化，拓展主导搜索引擎的能力，因此剩下的每一章都将深挖一个重要领域或关键环节。谷歌的秘密策略即将揭晓。

网站是宣传的桥头堡。本书曾说站内搜索引擎优化只占整个搜索引擎优化策略或者数字营销策略的 25%，但千万不要低估这 25% 的价值。实际上，网站是提高曝光度的最重要资源之一，而且我们还可以对其进行管理、开发和改进。坦白来说，网站是大家的珍贵财产，对整体宣传目标至关重要，因为几乎整个搜索引擎优化与数字营销都是以网站为基础的。我们做的所有事情要么与主站有关，要么就是为主站吸引流量。因此，打造完美主站至关重要。

网站是流量产生的中心目标。因此，谷歌反复强调网站要涵盖特定元素，否则就无法高效竞逐排名。谷歌总是密切关注符合其超高标准的网站，因此大家必须了解网站必要元素，并对网站进行相应优化。

站内搜索引擎优化是网站优化策略，目的是提高搜索引擎曝光率，获取最佳排名，占据首页优势。

鉴于各位已有的曝光度和本章所要讲述的概念，大家可能会觉得本章信息有些复杂。我希望各位能定期回顾本章内容，在未来的学习中交叉引用、融会贯通。这样大家才能运用丰富的知识更好地理解谷歌运用网站元素的原则，最终达到学以致用、征服网站的目的。

如今市面上有许多流行的网页内容管理系统，例如，WordPress、Joomla 和 Drupal。很多人会利用上述工具构建网站，当然也有人会跟专业团队合作，打造终极网页浏览体验。不论哪种方法，本章讲述的原则和概念都同样适用。本章主要讲述切中要害的在线搜索引擎优化方法，帮助各位占据易获成功的要害地位，免得大家毫无头绪地四处尝试，却始终无法获得搜索引

WIN THE GAME OF GOOGLEOPOLY

第 4 章 打造站内搜索引擎优化终极策略

擎的青睐。

要先简要浏览一下谷歌在进行网站排名时希望看到的元素。本章内容基本都是围绕站内优化以及如何确保网站更加贴合搜索引擎的需求。大家要知道，搭建适配谷歌的成功网页涉及很多影响因素，但本书主要讲述必备元素，即网站不可或缺的元素。

进入正题之前，我还要强调一件事。除了提高谷歌曝光度，还有一些因素对网站成功有重大影响。假设贵公司网站能够吸引大量流量，曝光度很高，但网站既没有致电咨询功能，也没有其他设置，根本无法将流量和线索转化为销量，那吸引流量又意义何在？

一个真正强大的网站必须同时包含多个要素。这些要素既在一定程度上构成了谷歌的搜索引擎算法，又是谷歌极力寻找的网站元素。有了这些元素，谷歌才能将贵公司网站与其他数百万个竞争相同搜索关键词的网站相比较，确定贵公司网站与特定主题的相关性。具体元素如下：

- 平面设计；
- 对称美感；
- 策略；
- 点击通话；
- 独特个性的内容；
- 互动；
- 拼写与语法；
- 实用性；
- 价值；
- 相关性；
- 可靠性；
- 连续性；
- 组织架构；
- 主题相关专业知识；
- 区分度；
- 实例/作品集；

- 评论/证明；
- 趣味性；
- 刺激性；
- 新奇性；
- 需求度（人们的渴望程度）。

这些是谷歌进行网站排名时会考虑的部分因素，但本书都不会涉及。并不是因为这些因素不重要，事实上，谷歌表明自己在对网站进行排名的时候会考虑200多个因素，有些因素的权重比我列出来的更高。本章主要关注经过反复验证、切实有效的重要网站排名因素。

网站呈现方式（包括视觉呈现方式以及组织结构方式）对网站成功有着非常重要的作用。然而网站技术兜兜转转，经常更新，这就证明网站美观程度和用户体验并非网站最重要的元素。

20世纪90年代中期到21世纪初期，Adobe动画及在其基础上构建的网站被大肆吹捧，狂热的潮流席卷了网络开发人员的世界。动画提供的网络体验是其他方法无法比拟的。在此之前，网站都是静态的，颇为无聊，但动画让网站活了起来。动画网站并非效果不好或界面不美观，相反，人们很喜欢与动画网站互动。然而动画网站最终还是走向了衰亡，其中一个重要因素就是谷歌不能读懂和检索此类网站。

动画编码语言能够转化为屏幕上精美的网站和用户界面，但是谷歌算法在构建的时候就没有考虑这种语言。因此，在谷歌看来动画网站上根本就没有可读之物，缺乏可被爬取和索引的内容与代码。因此，动画本质上就是不能被正确读懂的"搜索引擎优化鬼魂"。

由此，我们可以得出一个重要的结论：一个网站，不管在人类看来有多酷炫，如果不是按照搜索引擎的思想构建，即便于谷歌爬取、阅读和排名，那么网站就会遭遇动画网站一般的命运。这样的网站就像鬼魂一样，无法运转，也无法帮你实现预期的营销目标。

在拉里·佩奇和谢尔盖·布林创建谷歌公司的最初，互联网上已经积蓄了很多内容与信息。他们的唯一目标就是基于用户搜索需求，提供组织信息和展示信息的便捷方法。在简陋的创业初期，谷歌爬取网站、收集海量数据的方法非常原始。1996年至2002年期间，它们的技术可以计算网页上的单词数量与链接数量，但无法理解词汇的含义。

此外，当时的谷歌算法主要依靠计算关键词在页面出现的次数，并对出现在页面题目标签、题目标记以及页面链接锚文本中的关键词施以很高权重。

从2002年开始，谷歌就不断改进收集、组织和理解网站数据、网站权威和网站语言的方法。感谢处理技术的巨大进步以及各种语言中的语言学数据解析，谷歌"机器"现在已经可以理解网站内容了。如果谷歌认为贵公司网站的相关度高于其他网站，就会予以奖励。如果谷歌发现贵公司网站页面和/或域名过度优化，就会施以惩罚。过度优化是指公然玩弄系统或者利用系统作弊的行为。"机会卡"让你直接锒铛入狱。谷歌会经常更新算法。因此，在21世纪初期成效显著的方法，现在却可能令贵公司网站岌岌可危，随时会被谷歌惩罚甚至除名，无法出现在谷歌索引中。试想一下，域名被谷歌拉入黑名单对贵公司生意和品牌的影响该有多恶劣，所有网页都被从谷歌数据库中移除，不光别人搜不到你，就连你自己都找不到自己。个中利害，毋庸赘言。因此，时刻了解最新消息至关重要。

想象一下传统大富翁桌游，将贵公司网站想象成海滨大道或者公园广场，将合理优化网站当作在个人名下的物业开办酒店。为了赢得谷歌大富翁游戏，我们必须首先保证谷歌不动产。我们首先需要获得和经营的谷歌不动产就是贵公司主站，介绍主营产品、服务、业务、艺术、音乐等。

正如前面所提到的，谷歌一直都在改进算法，目的是在改善用户体验的同时，杜绝堆砌关键词的垃圾网站和妄图操纵谷歌排名的恶意网站。然而，创建优质的站内优化策略是需要基础的。首先看一下网站为了提升谷歌搜索中的曝光度和排名必须考虑的因素。本章已经列出了网站建立后的正确搜索引擎优化理论框架，并排出了先后顺序。如果贵公司委托他人构建网站，也应当交代清楚。上述搜索引擎优化步骤都不可以跳过，如果漏掉哪里，完全是拿谷歌曝光度当儿戏，把送上门的产品销售机会、服务销售机会以及粉丝群体拓展机会拱手送人。

域名

域名涵盖好几方面的功能，从产生流量到品牌宣传。然而，域名的功能远不止于此。网站选名应当具有搜索引擎优化相关性和搜索引擎优化价值。一个好的域名既要是自己喜欢的，还要精确反映公司业务，因为好的域名是重要的数字财产，能够在谷歌搜索中回报以高排名，给公司带来红利。

大家花费了诸多心力搭建、设计和优化网站，精心打造网站内容、图标、结构并吸引流量，最终都要回归到域名上。这一点大家可能都没有意识到。这跟新建房屋和翻修房屋是一个道理。大家通过种种方法对房子进行内外装饰，包括对毛坯房的装修，各种木工活、铺地板、刷漆，这些装饰的单独价值并不会提高，但会通过房子整体价值的提高而得以体现。同理，网站内部增值都会通过域名体现。

为域名增值不是一朝一夕的事情，大家需要稳扎稳打，随时维护，添加与目标群体相关的最新信息。

运行统一资源定位符（URL）有一些最佳实践策略，能够体现网站最好的一面，助力宣传。

- **制定网站统一资源定位符规则**。留意网站所用统一资源定位符格式，并始终保持统一。这样有利于用户（甚至是未来的开发人员）清楚地了解网站结构。
- **力求简洁**。正如本书所提到的，域名有好几个功能，其中就包括建立品牌形象和产生流量。因此，域名越简单越好。我们很有可能需要在别人名片背后写上自家域名，或者打电话的时候给对方念出来，所以简单的域名于人于己都方便。谁不想自己的域名朗朗上口？
- **描述内容，别堆砌词汇**。这一条与力求简洁是相辅相成的。如果统一资源定位符里面全是"?""&"和数字，输入起来就很麻烦。如果能选的话，一定要选一个简单易记的统一资源定位符。例如，要用"www.yourdomain.com/fashion/ women/"，而不是"www.yourdomain.com/115/fashion&women= 79829374?223/"。此外，如果贵公司域名是个短语，包含好几个单词，可以用连字符将不同单词隔开，例如 www.yourdomain.com/affordable-art-supplies -in-manhattan。
- **切记，统一资源定位符区分大小写**。统一资源定位符里面千万不要有大写字母。这不仅会让统一资源定位符看上去七零八落，访客也会觉得心烦。如果贵公司已有的统一资源定位符里面有大写字母，可以考虑一下 301 重新定向，将原页面跳转到只有小写字母的统一资源定位符上。

- **二级域名不能掉以轻心**。从某程度上说，二级域名是主域名的附属。我经常看到有公司在网站里附上博客（例如 blog.yourdomain.com）。既然谈到了域名权益，我需要先澄清一点：从搜索引擎的角度来看，二级域名没有主域名那么重要，链接价值和可靠性都不及主域名。

- **地理定位域名有利于品牌创建**。大多数中小型企业都要注意这一点，在域名中添加地理定位有利于网站访客确定贵公司位置及服务范围。例如：www.MarltonKarate.com、www.LandscapingCherryHillNJ.com、www.PhiladelphiaDentists.com 或者 www.UsedCarDallas.co。

在线经营范围与经营目标将最终决定域名选择。例如，如果贵公司服务的是本地市场，首要目标是主导本地区的相关搜索，并称霸谷歌搜索结果首页，那么贵公司域名就必须明确标注服务城市或者市场地理定位。这样贵公司就轻松拥有了非地理定位网站不具备的优势，即客户能够一眼看出贵公司与他们处于同一区域。

假设有人想找新泽西州马尔顿的空手道学校，并在谷歌搜索框中输入"新泽西州马尔顿的空手道学校"，如果贵公司拥有 www.MarltonKarate.com 或者 www.KarateMarltonNJ.com 此类域名，并对网站进行了合理优化，大家觉得用户会搜出什么样的结果呢？如果贵公司对手是一家名为"眼镜蛇-凯"的武术学校，域名是 www.CobraKaiMA.com（同样位于新泽西州马尔顿），结果又会如何？是的，域名中的地理定位就是贵公司的优势。贵公司可以凭此在谷歌上获得更高的排名。其他本地用户和搜索词条同理。

然而，购买地理定位域名并不能完全保证贵公司在谷歌上取得最优排名，事情远不只这么简单。除了选择地理定位域名，优化网站时还有很多需要考虑的因素。但是如果有两个合理优化过的不同网站，其中一个是有精确的、相关的地理定位域名的，那么该网站就能在谷歌上获得更有利的排名，比其他普通域名的网站更有优势。

但是话又说回来，如果贵公司市场广阔，并不局限于特定市场或城市，那么使用地理定位域名对提升谷歌排名的作用就不大。不管贵公司选择何种域名，一定要与业务和品牌都相关。域名一定要做到与主营业务密切相关，容易识记。

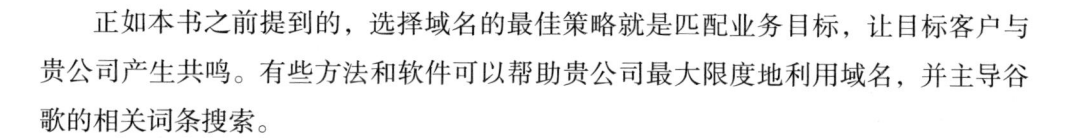

正如本书之前提到的，选择域名的最佳策略就是匹配业务目标，让目标客户与贵公司产生共鸣。有些方法和软件可以帮助贵公司最大限度地利用域名，并主导谷歌的相关词条搜索。

精准域名匹配

顾名思义，精准域名匹配就是帮助贵公司找到最佳域名。通常来说，精准域名匹配得出的域名都是谷歌用户搜索词条时一定会使用的两到三个关键词（以下为使用精准域名匹配得出的假想网址 www.atlantacarloans.com 或者 www.cheapmanhattan-plumber.com）。

在过去，精确匹配域名的效果颇具争议，但将精准域名匹配作为站内搜索引擎优化首要策略的人们确实获得了很大成功。然而域名是需要与其他网站搜索引擎优化元素同时存在的，只有合理使用才能获得最大效益。

知道这一点，我们就不需要害怕精准域名匹配了，尤其是当域名与之前提到的在线业务模式及整体业务目标相匹配的时候。使用精准匹配域名的最大好处莫过于让从权威网站开发目标关键词锚文本变得更加容易。本书随后会在链接部分进行详细解释。

我就曾因精准匹配域名获得过巨大成功。本书前面分享过"互联网汽车营销"的例子，如果各位在谷歌上搜索这一关键词组会出现1.47亿个结果，但是www.AutomotiveInternetSales.com这个网站会出现在最显眼的位置，即所有结果的第一名，这不就是我们主导谷歌首页的终极目的吗？

为了确保精准域名匹配的有效性，我们应当在购买域名之前就想好相应的网站优化策略并真正付诸行动。本书描述的都是谷歌在决定网站排名时考虑的因素，因此遵循本书的策略至关重要，否则就无法在谷歌上拥有顶尖排名。

还有一个原则就是如果多花点钱就能获得顶级域名（top-level domain，TLD。例如.com、.net、.ca、.org、.co.uk、.com.au）的话，就不要吝惜这点小钱。这条准则不仅适用于精准匹配域名，其他类型的域名同样适用。

域名软件

市面上有些可用的技术资源能够帮助贵公司选择最佳域名。以下为本书推荐的一些工具：

- www.moz.com（前身为 SEOmoz.com）

  该公司最早于 2004 年由兰德·费舍金（Rand Fishkin）与吉莉安·米西格（Gillian Muessig）在美国共同创建，是一家本土营销咨询公司。2008 年，该公司迅速成长为美国本土最著名的搜索引擎优化公司以及全球闻名的市场营销软件机构。MOZ 平台上包含多种工具，能够帮助贵公司分析网站各方面的优化程度，其中就包括域名相关性以及域名优点。

- www.wordtracker.com

  单词追踪器（Wordtracker）是搜索引擎优化工具箱中的必备工具，尤其在各位想要发现关键词机会、查看竞争对手动向的时候。该工具非常有利于选择精准匹配域名或者部分匹配域名。

- www.adwords.google.com/KeywordPlanner

  该工具必须通过谷歌广告词（Google AdWords）账户才能使用。注册账户不仅不收费，还能免费使用谷歌的关键词工具，帮助广告商将在线广告的功能发挥到极致。如果各位正在考虑网站应该使用什么样的域名，那么该工具基本上就是关键词数据库。

早些时候，我们只能凭借自己的能力猜想最适合我们及我们营销目标的域名，根本没有软件能帮我们做出明智的决定。现在却有软件帮我们选出网站（们）的最佳域名，简直是太棒了！了解这些信息后，贵公司在选择最能代表公司业务和公司品牌的域名时就不会手足无措了。因为软件产品会帮助贵公司获得应有的吸引力，并最终取得成功。

本书刚刚提到的这些软件产品，尤其是谷歌关键词规划师（Google Keyword Planner），最初都是为点击付费广告设计的，而后逐渐演变为颇具影响力的搜索引擎优化工具，为精准匹配域名或者部分匹配域名提供帮助。这些工具为研究热门关键词奠定了基础，因此可以帮助贵公司确定最有利的关键词，它们不仅适用于点击付费广告，还能辅助域名选择。有了这些廉价易得的强大工具，为何不实际调研一下备选关键词的可行性呢？

使用关键词软件辅助你选择最佳精准匹配域名或者部分匹配域名，可以让你获得以下强大的洞见。

1. 在过去的一个月中，有多少本地用户在谷歌中输入了某一特定关键词？

有了丰富的关于本地用户搜索的原始信息，大家就能知道所在地区有多少人搜索了某一特定关键词，然后自行衡量关键词在目标市场的流行度。此外，你还可以查看同一关键词前 30 天的历史数据，并据此得出该关键词是否具有被长期搜索的潜质。了解目标关键词的流行市场有利于理解目标域名的可持续性。

2. 在过去的一个月中，全球有多少用户在谷歌中输入了某一特定关键词？

很多时候，本地搜索会受全球趋势的影响。理解目标关键词的全球搜索趋势有利于拓宽眼界，从更广阔的角度衡量域名的可持续性。

3. 哪些关键词与贵公司选择的关键词相似？

根据贵公司最初选择的关键词，本书之前提到的工具可以帮助大家抓住关键词机遇。我们可以获知竞争不太激烈但搜索量还不错，甚至超高的关键词。

4. 在过去的一个月中，有多少人在谷歌上搜索了相似的关键词？

与第 1 条和第 2 条类似，清楚类似关键词的搜索量可以帮助各位理解目标关键词的潜力大小。

5. 某一关键词或关键短语的竞争有多激烈等其他信息。

关键词竞争激烈程度通常被分为"高""中""低"三档。如果竞争程度高，意味着提升网站在该关键词的搜索引擎排名会花费更长时间，构建网站和维护网站也要花费更多心思。如果是点击付费广告的话，竞争程度高则意味着潜在客户的每次点击，都需要我们付出比中度竞争和低度竞争关键词更高的费用。

虽然中度竞争和低度竞争关键词的月搜索量可能不及高度竞争关键词多，但贵公司排名也可以上升得更快。中度竞争关键词的流量也相当可观，也可助力贵公司腾飞，而提升网站排名花的功夫却少得多。

正如大家所看到的，决定关键词竞争程度需要权衡利弊，做出取舍，最终还是要根据商业目标和个人目标做出选择。

我们刚刚讨论过的5个要点可以总结为一个术语：关键词鉴别。关键词鉴别的意义不仅限于收集与特定关键词相关的数据以确定最佳选择，更多的是关注用户输入的关键短语，分析用户行为。

通常来说，提到搜索引擎优化总免不了要提到"关键词研究"，关键词研究是以关键词为中心的，而关键词鉴别是以用户为中心的。为什么理解用户搜索行为比追踪排名因素更有用呢？因为对目标受众搜索行为了解得越多，就越能通过网站打造终极在线用户体验。归根结底，这才应该是在线营销的最高目标。

软件产品可以帮助我们更好地理解用户搜索行为，即关键词鉴别。因为软件可以自动获取和分析大量数据，提供易于理解的结果。有了丰富的信息，我们就不必通过瞎猜来决定正确的精准匹配域名或部分匹配域名了。

如果以某一关键词或关键词组为核心的网站不能吸引任何流量，那搭建网站又有何用？选择合适的商业目标（是否是地理定位都可以）作为域名，一个月甚至每个月都能固定收获数千条搜索，这样不是更合理吗？

在我看来，以热门关键词或者关键词组为基础创建域名是比较合理的。点击付费广告公司或者策划师在竞拍点击付费广告宣传关键词之前会借此调查一下。因此，大家在进行非付费网站搜索引擎优化的时候，也可以使用点击付费广告宣传使用的策略，包括使用搜索量最高的关键词或关键词组打造最佳域名，获得独家竞争优势。试想一下：有多少人知道关键词鉴别呢？又有多少人知道具有非付费搜索引擎优化价值的域名能带来竞争优势呢？答案是几乎没有人。因此知道这一点意义非常重大！

市面上有很多工具和技术能够辅助关键词鉴别，有些是付费的，有些则是免费的，例如谷歌的关键词规划师。其使用方法是这样的：大家心里要先有一个备选关键词或者关键词组，然后将其输入到工具中，系统就可以给出该关键词或关键词组在谷歌上有多少次本地搜索和全球搜索。此外，工具还能给出相关关键词和关键词组建议。这一点非常有帮助，因为精准流行的关键词或者关键词组有时不能使用，所以我们还得想其他办法，聆听其他建议。

但是切记，工具并非圣经。它们只能给出域名的最佳备选词汇，以及优化网页所需的最佳关键词和最佳关键短语，辅助决策。根据工具提供的数据，我们还可能遇到这样的情况：大家可能选择使用了本章列举的关键词研究工具，结果却发现给出的数据与其他来源的数据不符。

以谷歌关键词规划师为例，大家可以查出多少人曾在谷歌上输入"马尔顿的空手道学校"。系统显示只有 100 次输入（即人们只搜索过 100 次"马尔顿的空手道学校"）。然而，看过 www.MarltonKarate.com 的谷歌引用关键字分析报告（即有多少人在试图访问网站时输入的内容）的人就可以发现，有 1500 个人输入过"空手道学校马尔顿"。虽然谷歌分析师和谷歌关键词规划师都是谷歌提供的服务产品，但也会互相冲突。实际上，很多情况下都会互相矛盾。相关理论可以解释这些现象，有的比较合理，有的听上去还挺疯狂的。例如，业界一直流传着一种阴谋论，即谷歌不想让公众知道全部信息，不想给人们（搜索引擎优化专家和营销人员）提供过于丰富的信息，帮助他们获得更好的非付费搜索结果，因为那样会减少他们对付费搜索或点击付费广告的需求。这就跟学校老师分发期末试卷的时候不会附上答案是一样的道理。否则对学校没有任何好处，毕竟高校要收学费。我不确定这种解释的真实性，可能是人们想多了，也可能是大家洞悉了其中的奥秘。还有一种理论是说谷歌受到政府隐私政策的限制，因此收集的用户数据种类也有限制。谷歌正在监视用户的一举一动，包括人们在搜索引擎里输入了什么，访问了哪些网站，还保存了相关数据，并将数据分享给商户，方便其优化营销策略，更好地吸引用户，引导用户购买其产品和服务，最终将用户转化为粉丝群体或者潜在用户群体。如果人们知道了这一事实，肯定会崩溃的。

如果各位使用过谷歌的关键词规划师，就会经常看到"括号内容不予提供"的字样（84%~96% 的情况下）。因此，工具只是指导而非圣经。

题目标签

标题元素，也称"题目标签"，是目前站内搜索引擎优化最重要的环节，因为题目标签确定了文档或网页的标题。题目标签一般用于搜索引擎结果页面（search engine result page，SERP），主要描述某一网站或网页的概要或预览。换句话说，题目标签是对相关网页内容精准有效的描述。这对站内搜索引擎优化与用户体验都至关重要。题目标签主要有以下三方面的价值：

1. 搜索引擎结果页面；
2. 相关性；
3. 浏览。

谷歌的题目标签通常包含 55 个字符。因此，如果贵公司题目标签少于或等于 55 个字符，那么 95% 的情况下能全部（正确地）显示在谷歌搜索结果页面上。

在题目标签中使用关键词能够让贵公司占据独到的竞争优势。实际上，如果用户搜索的关键词恰好是贵公司标题，谷歌就会在搜索结果中突出显示题目标签中的关键词。贵公司点击率自然就会提高，曝光度也会上升。

题目标签主要由两个组成部分。

1. 搜索引擎优化。我们要在题目标签中使用正确的、相关的关键词，这样题目标签或网页才能在谷歌首页上突出显示。题目标签在谷歌搜索结果页面是最突出、最显眼的。

2. 点击量。我们要确保自己的题目标签足够有说服力、足够有趣，这样用户才会点击进来。

时刻牢记提高排名并非我们的唯一目的，获得点击量也很重要。实际上，二者是因果关系。有曝光度才有机会做生意。因此，我们应当尽量将所有曝光度都转化为点击量。点击之后，用户才算真正进入贵公司网站，之后的策略就变为开发潜在客户或者达成交易。也就是说，我们想让所有进入网站的客户都拨打电话、发送邮件或者通过网站上的其他联系方式联系我们。只要与潜在客户取得实在的联系，我们就有机会兜售价值观念（即向顾客传递购买贵公司产品和服务的理由），然后将产品或服务销售给对方。还有一种可能是贵公司经营的是电子商务网站或者网站页面上有购物车，这样用户就无须拨打电话或者发送邮件，而可以直接通过点击谷歌搜索结果页面的结果，购买贵公司产品或服务。

最佳题目标签会让贵公司事半功倍，即利用超低投入获得超高搜索引擎优化价值。

- **考虑可读性和情绪因素**。我们使用的题目标签能够触发词条搜索用户的情绪，并对他们产生吸引力，这样搜索结果才能更多地转化为访问。题目标签是网站及搜索人员与潜在客户最初的互动。常言道："第一印象是一锤子买卖。"因此，我们必须合理利用宝贵机会，一击即中。务必编织足够有吸引力的理由，说服大家点击链接。
- **注意题目标签的长度**。如果题目标签超过 60 个字符是会被谷歌截断或者缩短的。这对贵公司的整体策略有百害而无一利。话虽如此，大家也不要太过在意题目标签的长度。内容和吸引力才是最重要的。
- **关键词（组）一定要放在靠近题目标签开头的部分**。本条秘密提示可以有效提升排名，潜在用户也更愿意在谷歌搜索结果页面上点开链接。
- **品牌很重要！** 品牌的力量决定了将品牌名称放在题目标签何处。如果贵公司有主导品牌或者流行品牌，就应当将品牌名称放在题目标签开头。本条策略对用户是否会点开链接也有重要影响。如果贵公司只有初见雏形的品牌、产品和服务，那么将相关关键词放到题目标签开头，将品牌名称放在题目标签的末尾的做法则更可取。跟未知品牌和新兴品牌比起来，关键词对潜在客户的吸引力更大。
- **"精准匹配"题目标签绝对不可取，除非"精准匹配"题目标签就是网站名称**。谷歌认为这种行为属于过度优化，早已开始对其实施惩罚了。
- **使用简单直白的语言**。务必确保关键词出现在题目标签的同时，语言也保持流畅通顺。谁也不想只顾搜索引擎优化价值，却随意把关键词放进题目标签中，结果整体没有任何逻辑，根本读不成句。

以下举出几个符合要求的案例。

- 新泽西州马尔顿有一家名为 Full Circle 的武术学校，域名是 www.FullCircleMartialArts.net。其正确的题目标签为：Full Circle 武术——新泽西州马尔顿武术学校。此例中，题目标签不超过 55 个字符，能够在谷歌搜索结果中正确显示，有语义索引、区域业务的地理定位和相关关键词。
- 宾夕法尼亚州费城的汽车销售员，专攻不良信用汽车贷款，域名 www.AutoCredit-Approved.com。其正确的题目标签为：想在宾夕法尼亚州费城获批汽车信用贷款吗？别犹豫，快拿起电话拨打 215-555-1212。这个题目标签除了上一个例子中的各项都达到要求以外，还有呼吁大家迅速行动的坚定语气，并且在题目标签中正确运用了电话号码。

很多人都把谷歌当电话号码本用。如果用户在搜索信息的时候刚好在题目标签里发现了电话号码，就能直接从搜索结果中致电咨询了，这大大降低了人们因找不到联系方式而放弃的概率。我们用便捷的方式为潜在客户提供了所需信息，省去了用户点击冗余链接的麻烦。一家位于纽约布鲁克林名为"意大利之旅"的意大利餐馆，域名为www.TourOfItaly-BK.com。其正确的题目标签为：布鲁克林最佳意大利美食——意大利之旅餐厅——不要犹豫，立即预订。本例中的题目标签也达到各项标准。

偷工减料和半途而废都是大忌。题目标签不要设置太多内容，而要确保每页都有独特的题目标签。最重要的是保证题目标签与页面主题内容相关。千万不要在题目标签里填充太多内容或者"关键词内容"。以新泽西州马尔顿的 Full Circle 武术学校为例，马尔顿是个不错的城市，它旁边的樱桃山也在新泽西州，而且更受欢迎，名气也更大。实际上，樱桃山的经济发展势头迅猛，拥有新泽西州的一家顶级商场，豪华社区也不在少数。绝大部分人在谷歌搜索地理定位信息时都会选择机会最多的镇、城市或者郡。例如在该案例中，樱桃山的"希望"比较大，给人感觉机会也比较多。因此，住在马尔顿的用户可能都会选择樱桃山而不是马尔顿。毕竟樱桃山也在新泽西州，离马尔顿只有5分钟车程。还有一种情况是住在新泽西州樱桃山的用户，他们可能也对武术学校和空手道学校感兴趣。从数学概率上讲，住在新泽西州樱桃山的潜在学生要比住在马尔顿的多。因此，Full Circle 武术学校应该只盯准住在马尔顿的学生吗？当然不是了！尤其是樱桃山离马尔顿只有5分钟车程。因此，从逻辑上说，Full Circle 武术学校的老板应该将市场瞄准樱桃山。然而问题是你无法在题目标签中添加过多的地理定位关键词，尤其是不能同时将"樱桃山""马尔顿"和"梅德福"写在一起，具体原因如下。

- 正如之前所提到的，大家既不想稀释搜索引擎相关性，也不想将题目标签范围设置得太窄。大家要确定好主攻方向。如果贵公司有最主要的首要经销区域（primary market area，PMA），那就将地理定位标注在主页的题目标签上。如果贵公司还想占领其他地理定位地点，再增加额外网页即可，给各个网页分别配以单独的题目标签，专注其他地理定位。

- 要记住，谷歌只能显示55个（有时更少）字符，大家肯定不想看到一句连贯的话后面有一串省略号。所以我们必须坚持要事第一的原则，确保题目标签不超过字符限制。

如果 Full Circle 武术学校想要占领临近的大市场樱桃山，应当按照以下方法正确处理题目标签问题：

- 重新构建一个有相关的子目录或者扩展统一资源定位符的新网页并为该网页打造一个全新的题目标签（专注主题）。
    - 统一资源定位符与子目录样例：www.FullCircleMartialArts.net/Karate-School-Cherry-Hill-NJ。
    - 题目标签样例：武术综合格斗（MMA）空手道——樱桃山分校——新泽西州。本题目标签不超过 55 个字符，能在谷歌搜索结果中正确显示，具有语义索引和区域业务的地理定位，并且含有相关关键词。本题目标签关键词的策略是争取公司首要经销区域以外的潜在用户。该策略的目标是将其他武术学校的客户和潜在客户转变为 Full Circle 武术学校的客户。

至此，大家应该已经注意到网站的题目标签可以不止一个。实际上，网站应当尽量拓展自己的题目标签（和网页）来对外兜售自己的价值观念，突出全部利益的中心。详见以下提示：

- 在部分题目标签中添加"拿起电话，马上行动"是一个不错的选择；
- 在"关于我们"的页面添加 Full Circle 武术学校训练空手道冠军的模式介绍；
- 在题目标签中标注电话号码是个有争议的事情，这件事没有对错之分，主要看有无必要。我建议只在有需要的情况下在页面和题目标签中注明电话，不要每个都注明。具体参见本章案例。
- 将题目标签中所有字母都大写并不会提升排名，相反，谷歌非常不喜欢这种行为。

标题标签

顾名思义，标题标签的功能就是区分页面标题文本和正文内容。标题标签也是重要的页面搜索引擎优化元素，因为标题标签不仅表明了网站文本各部分的内容，还可以帮助谷歌理解页面内容与标题的相关性。

在搜索引擎优化中，标题标签的作用非常强大。搜索引擎爬虫要核实标题标签与页面内容的相关性。如果标题标签和正文内容不一致，搜索引擎就可能读不懂，提升搜索引擎排名的机会也就会随之流失。

标题标签有序列层级，从 H1 一直到 H6。理解标题标签需要考虑诸多因素，否则就无法在网站页面上进行合理排布。从 H1 开始，我们就得在网站上遵照标题标签的序列顺序，绝不可以打乱顺序。我们不能在创建了 <H1> 标签后跳过 <H2> 标签，直接使用 <H3> 标签。同理，我们也不能从 <H2> 标签开始而不设置 <H1> 标签。

毋庸置疑，H1 是各个标签中最重要的部分，每个网站页面都必须有，因为搜索爬虫软件需要检查 <H1> 标签，了解网页内容的简要描述。核实完 <H1> 标签后，搜索引擎的所有进一步核对都会对 <H1> 标签进行交叉引用，查看它们是否相关。

关于使用标题标签进行搜索引擎优化的最佳策略众说纷纭。这里我以谷歌的需求为例。抛弃自以为是，坚决不要分心，将全部精力集中在满足谷歌的需求上才能成功。我发现，谷歌的最佳策略是金字塔方法。

金字塔策略

为了保证所用标题标签正确有效，我们需要构建合理的层级。思考标题标签的最佳方法就是将其想象成一个金字塔，跟食物金字塔一样。请看图 4-1 中的标题标签金字塔策略。金字塔顶端是 <H1> 标签。<H1> 标签只有一个，是包含一个以上关键词的短语；<H2> 标签包含二至三个关键短语；<H3> 和 <H4> 标签可以涵盖更多的关键词短语，就像金字塔的底部一样越来越宽。标题金字塔策略同理。

说到标题标签中真正的关键词与关键短语，大家一定要关注三个重要的变量：连贯性、相关性和用户体验感。谷歌的搜索爬虫能够评价标题标签、页面其他内容以及其他相关内容的关键词连贯性和关键词相关性。谷歌非常重视用户整体体验，所以标题标签的使用一定要慎重，务必要让用户真正理解页面内容的主旨。

我们可以将打造强势的搜索引擎优化策略当作为文章、书籍或者想法撰写概要。我们先要构思出整体标题，然后在故事发展的过程中巧妙点题。就像写一本书时，先构思一个全书概念，然后逐步写出整本书的主题框架，之后则是为各个章节命名，深挖章节细节，在描述细节的时候不断点题。写书过程中作者要反复审视书籍框架，力求涵盖所有论据，必要的情况下还要对书籍框架进行修改，得出最终版本，即整本书的蓝图。最终框架的内容十分重要，是确保全书内容正确和合理的关键指导，是确保作者坚持目标的指南。

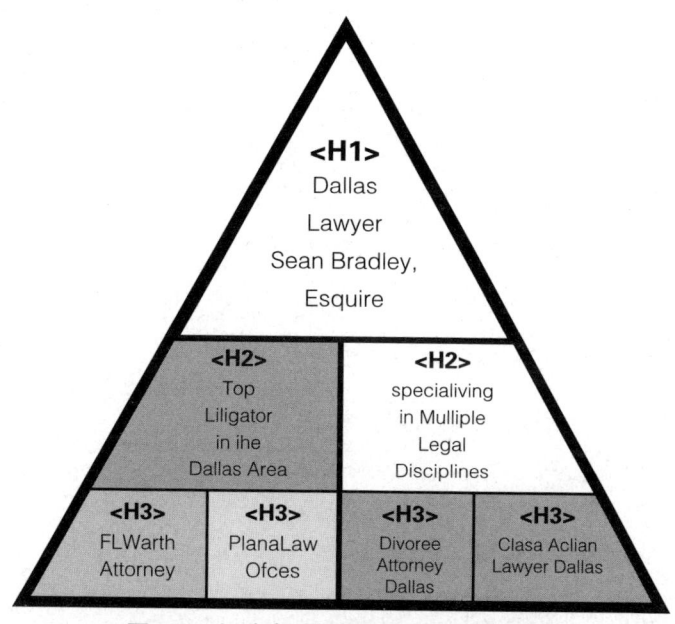

图 4-1　打造高效标题标签的金字塔策略

以下为在终极搜索引擎优化策略中正确使用标题标签的范例，有利于实现主导谷歌的目标。

范例

<H1> 洛杉矶本田经销商—肖恩·布拉德利本田 </H1>；

<H2> 本田新车与二手车销售 </H2>；

<H3> 本田雅阁 </H3>；

<H3> 本田思域 </H3>；

<H2> 服务洛杉矶及周边地区 </H2>；

<H3> 加利福尼亚州格伦代尔市（Glendale）附近本田经销商 </H3>。

该范例展示了汽车经销网站的层级以及主页的组织形式之一。大家可以清楚地

看到 H1 只有一个。

标题的数量应当根据需求设置。在上述案例中，经销商有两个通用需求：地点和服务。地点可以稍微超出当地区域范围。如果能够找到合适的爱车，人们不介意多跑 50 英里甚至 100 英里。如果贵公司经营的是其他本地生意，例如餐厅或者理发店，距离的影响则会很大。大部分人不会为了找个理发店跑到 50 英里以外，所以贵公司标题必须能够表明精确的本地定位。此外，理发店除了理发以外也提供不了多少额外产品和服务，所以标题里也就不用赘述了。

汽车经销商业务很广，所以增加了 <H2> 标签，目的是区分新车与二手车，<H3> 标签中则详细列举了不同车型。

以下为更为复杂的商业模式的标题结构。

范例

<H1> 达拉斯律师——肖恩·布拉德利先生 </H1>；

<H2> 达拉斯地区顶级诉讼律师 </H2>；

<H3> 沃斯堡律师 </H3>；

<H4> 沃斯堡人身伤害索赔律师 </H4>；

<H4> 沃斯堡超级律师 <H4>；

<H3> 布兰诺法律办公室 </H3>；

<H2> 擅长多个法律学科 </H2>；

<H3> 达拉斯离婚律师 </H3>；

<H3> 达拉斯共同起诉律师 </H3>。

构思标题标签的最佳方法就是感同身受，把自己想象成用户，猜测用户会搜索什么关键词。就像餐厅菜单上的菜品很多，但几乎没人会搜索"洛杉矶通心粉"，大家肯定是搜"洛杉矶餐厅"或者"洛杉矶牛排馆"。用户会怎么搜索？这就是我们设置标题标签的依据。

关于标题标签还有一个注意事项：不要使用花哨的字体，要使用层叠样式表（CSS）。标题标签周围的内容不可随意加粗或放大。使用 <strong> 或者咨询设计师可以使用何种花样字体。

元描述，也可简称为描述，是解释网页详细内容的超文本标记语言（HTML）。被用来在搜索引擎结果页面中展示网页概要，是优化网页过程中第二重要的环节。但其意义并不在于搜索引擎优化，而是为了获得点击量或者提升用户体验。

跟标题标签相似，描述也有最佳字符上限，所以假如贵公司想要获得搜索引擎的青睐，描述最好不要超过 155 个字符。

元描述中最重要的事情就是有策略地使用关键词，千万不要滥用或随意使用关键词。谷歌不仅不喜欢这种行为，还会加以惩罚。贵公司在写描述时要使用具有说服力的广告文案，吸引搜索用户点击进来。不同页面元描述的独特性和相关性是非常重要的。

例如，用户想要搜索亚特兰大的律师并在搜索框中输入了相应关键词，如"亚特兰大离婚律师"或者"谁是亚特兰大最好的离婚律师"这样的短语。如果网站在描述中提到了上述关键词或关键短语，还出现在了搜索引擎结果页面上，谷歌就会将这些关键词或关键短语显示为粗体。

例如，如果在谷歌上搜索"亚特兰大最好的离婚律师"（https：//www.google.com/#q=best+divorce+lawyer+in+atlanta），我们会在非付费搜索前 10 名处看到以下结果（如图 4-2）：

乔治亚州超级**律师**—乔治亚州**顶级律师**（标题标签）；

www.superlawyers.com/georgia（统一资源定位符）；

在超级律师寻找乔治亚州最**顶尖**的**律师们**、**律师**、**代理人**、**代理人们**—乔治亚州**律师**……寻找乔治亚州的**顶级律师**……**亚特兰大**杂志。名单……（描述）。

上述范例完美地诠释了精巧的文字描述既能博得谷歌欢心又能让搜索"亚特兰大最佳离婚律师"的个人用户一目了然。将最佳标题标签、最佳域名和最佳描述结合在一起就能产生神奇的反应！成功搞定谷歌的诀窍就在于此。再深入考虑一下该案例，设身处地地为搜索用户考虑一下。搜索这些关键词的用户肯定忧心如焚：他们的婚姻正面临着严峻的考验，严重到开始考虑离婚了。他们可能失去很多东西，包括孩子监护权、房产、汽车、不动产投资、退休金、珠宝首饰、财产以及现金。

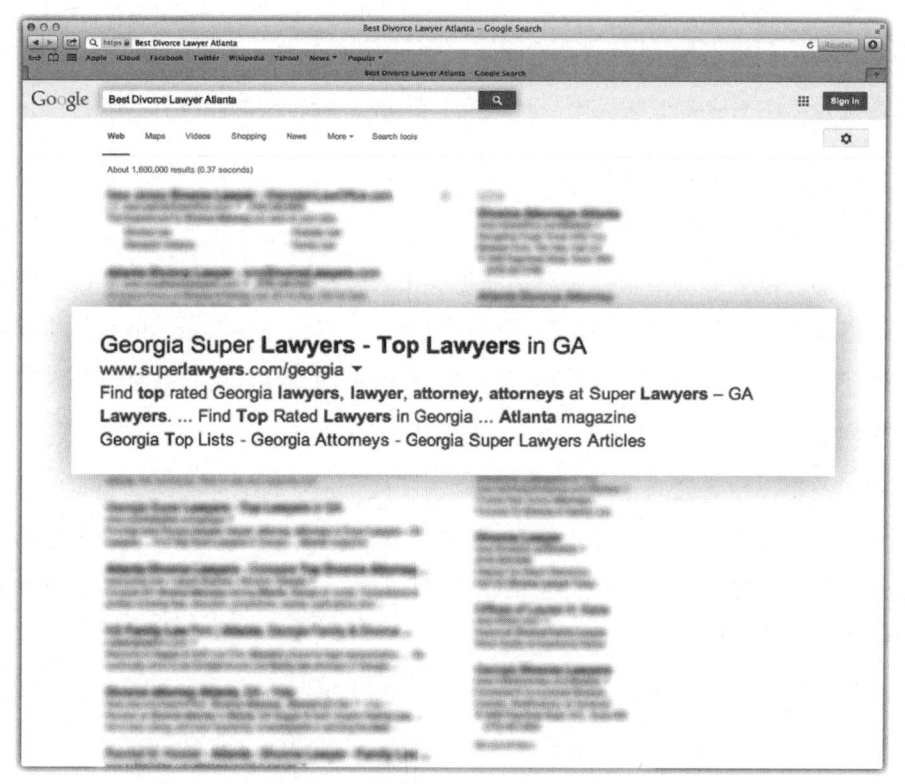

图 4-2　使用元描述来宣传业务及其在谷歌搜索中的展示

联想上述情景与用户的极端心情，包括恐惧、愤怒、沮丧和悲伤。你能想象得出所有事情在脑中乱作一团，心里只想着"尽快找到一个离婚律师，最好的律师，免得被陷害"。然后用户找到无所不知、无所不能的救世主——谷歌，输入"亚特兰大最佳离婚律师"。谷歌（在首页上）给出 21 个结果：11 个点击付费广告、10 个非付费结果。要知道，只有 6% 的人会点击付费广告。因此，留给用户的选择就只有 10 个非付费结果。浏览这 10 个结果可以看到"超级律师""乔治亚州顶级律师"和"评分最高"。标题和域名里会多次出现这些字眼，描述里也有关键词的粗体显示。

用户肯定会想，"哇哦，'圣人'谷歌这次肯定也没错！"然后就会点进相关链接。伙计们，就是这么简单！

让我再举出一个其他行业不同情况的例子。假设用户在寻找俄克拉荷马州塔尔萨市（Tulsa）的清洁公司或者管家，并在谷歌上搜索"塔尔萨市值得信赖的房屋清洁公司"，那么会在谷歌非付费位置的第一名找到以下信息：

塔尔萨奥凯（OK）清洁服务 | 全方位清洁服务 | 房屋清洁……（题目标签）
totalcaremaintenance.com/tulsa-ok-home-cleaning-service/（统一资源定位符）

清洁可靠的塔尔萨清洁服务，请立刻拨打918-851-9338！塔尔萨地区的最佳**房屋清洁**服务！房屋清洁服务**塔尔萨**，奥凯（描述）。

上述描述实在是太精准了！如果用户真的要找俄克拉荷马州塔尔萨市附近的清洁服务或者管家，并且向万能的谷歌求助哪里可以找到靠谱的清洁服务时，谷歌页面上就会显示出精准的结果描述，用户很有可能就会拨打描述中的电话或者点击链接。真心寻找服务的人大都会采取上述行动。如此诱人的描述给了大家拨打电话或点击链接的充足理由。此外，用户期望的关键词还用粗体显示了。用户问谷歌哪里有"可靠的"清洁服务，结果谷歌还真就找到了。此外，谷歌还想让用户知道自己完全明白用户的需求，确定用户要找的是"靠谱的"清洁服务，所以特意把描述中与用户相关的关键词用粗体显示出来。

重要提示：

- 不要复制其他网页的元描述。复制标题标签不是好主意，描述也一样。谷歌已经公开表示自己喜欢独特的和相关的内容、描述和标题标签，因此所有页面内容都需要费心构思；
- 双引号会"截断"描述。为了防止谷歌截断元描述，切勿在元描述中使用双引号。如果不得不在描述中使用引号，一定要用单引号。

链接

在详细讲解反向链接、站外链接之前，我想先与各位分享一个谷歌的幕后故事，说明链接为何如此重要。

1996年，拉里·佩奇和谢尔盖·布林将斯坦福大学诸多濒临淘汰的电脑连接在一起，搭建了第一个以"引用"或链接为基础的搜索引擎。当时，搜索斯坦福教授科研项目的唯一方法就是内容相关式搜索。该搜索方法在检索实际文本后会反馈给用户数千个按照关键词数量排序的搜索结果。这一操作导致的问题就是堆砌关键词的文章竟然让权威文章淹没于书山文海中。

佩奇和布林为检索人员想出了更好的文档检索方法，即将关键词搜索与引用数量结合在一起。他们假设引用数量最多的资源才是研究人员最宝贵的论文和档案。事实证明他们是对的。

二人将以链接为基础的新技术提供给雅虎和微软却换来一通嘲笑，因此他们决定自行筹募风险投资，自食其力。最终，佩奇和布林经过一番摸爬滚打，成就了谷歌，创造了几千亿美元的财富。

谷歌是以链接为基础的技术建造的。理解链接和正确使用链接才能最大化网站竞争谷歌首页的可能性。

俗话说"朋友圈就是个人品性的真实写照"，事实正是如此。谷歌也是这么认为的。谷歌的部分算法认为，如果贵公司被链接到一个知名的、相关的且流量巨大的网站上，那么贵公司也会获得"链接红利"，受到奖励。这种做法非常有道理。谷歌的目的是确保用户能够找到最相关的信息来源，如果备受肯定的权威机构都向后链接到贵公司网站，那么贵公司网站一定就是真实可信的。这种链接就被称为外部链接。

外部链接

网站的外部链接是指向后衔接到该网站的外部网站或外部资源。如果贵公司与外源相连，那么这种链接就被称为出链（outbound link）。如果著名大型机构的外部链接能够连接贵公司网站，肯定会对贵公司网站搜索引擎优化的可靠性带来巨大红利。

网站的首要目标就是获得靠前的搜索引擎优化排名（以及主导谷歌首页），因此我们需要在力所能及的范围内保证外部链接数量越多越好。该理论背后的原理是谷歌认为外部链接不容易捣鬼、刷屏和被操纵。如果贵公司网站有大量外部链接，那谷歌就有信心认为贵公司网站确实很受欢迎，必须优先排名。

外部链接之所以如此重要，主要有两个原因：相关性和流行性。

谷歌认为外部链接在与网页相关性互联方面是非常重要的。除了相关性，还有流行性的考虑。如果有很多人或者网站都链接到了你的网站，尤其是类似人群和类似网站，谷歌可以识别出来。如果流行（大型）网站与你链接在一起，就相当于该网站在告诉谷歌你很重要，需要予以特殊考虑和提升排名。

内部链接

网站可信度是提升网站在谷歌排名的关键因素。如何能让网站获得谷歌的信任呢？外部链接非常重要，尤其是信誉卓著的网站。然而，网站内部链接对谷歌评估网站相关性并最终决定网站排名也十分重要。

网站利用内部链接的方式有以下几种：

- 网站导航；
- 内容和锚文本中的链接；
- 页面上的链接；
- 网站地图。

以下为主导谷歌首页的最佳链接方法：

- 不要在文本内容主体中放置太多链接，最好不要超过 5 个链接；
- 页面的总链接（包括导航）数量应该控制在 100 个以下，这样版式才会美观。切记：链接越少，权重越大！
- 制定链接策略：
    - 内容主体中的链接更有谷歌算法价值；
    - 确保网站内部的链接内容是相互关联的。假设贵公司网站为 www.autocreditapproved.com（主要服务需要汽车贷款的不良信用用户或空白信用用户），正在撰写公司主页内容，谈论公司如何帮助客户获批贷款——立即申请即可。贵公司可以制作一个"立即申请"的超链接，直通贷款申请页面。
    - 给新内容或旧内容添加链接作为文章或博客更新是个不错的方法。

要求或吸引其他网站链接到贵公司网站有多种奇怪的方法。事实上，可供选择的方法复杂多样，我们需要判断哪些方法值得花费时间和进行投资，因为有的方法根本就不值得推荐，不过好的方法也很多。只有特定链接才能帮助贵公司登上商业搜索词条的巅峰。

记住，简单且好得不切实际的策略就是我们需要的策略。合理的链接搭建需要付出努力，付出越多，链接质量就越高，被竞争对手抄袭的概率就越小。

在建立链接方面，我们可以做的有很多。如果贵公司经营的是区域生意，就应该关注慈善机构、在线杂志、本地报纸、本地广播站点、本地政治、商会等本地链接。如果贵公司业务对象遍及全国乃至全球，则需要多关注业内权威站点。行业协会、现有供应商、大型慈善机构、全国报纸和权威媒介都是不错的选择。昂贵的商业搜索词条肯定花费不菲，因为贵公司并不是大海中唯一的鱼。但如果贵公司只是跟本地对手竞争，制定正确的策略可能就花不了多少钱，甚至不需要花钱，只需多花时间和心思培养即可。

正所谓策略先行，进入特定领域之前必须先弄清代价，然后再评估已有预算。如果贵公司每月预算只有2000美元，不管做什么都不可能达到"发薪日贷款"这一词条的第一名。如果贵公司还不清楚某些高价搜索词条的曝光价格，可以合理利用关键词规划工具并咨询相关专家，以防深陷恶战，无法翻身。

提前计划，使命必达。第一页能得到70%的流量，第二页和以后的页面就什么也捞不到。因此，务必合理组织内容，之后就是链接链接再链接。正确的策略和一定的投入绝对可以令贵公司无往不利。坚决杜绝简单的自动链接方案，因为这些方法的效果要么完全没有，要么只是令贵公司昙花一现，有百害而无一利。被谷歌申诉就是最严厉的惩罚，严重的时候只有改变域名才能逃过一劫！经营网站跟经营人生是一样的，辛勤工作总有回报，贪图捷径害人害己。明智规划，不走弯路，省得给自己找麻烦。大家都有明辨是非的能力，有些事情看着光鲜，背后必有陷阱。在链接建设的过程中，捷径总会招来麻烦，所以务必多下工夫，才能取得成功，并乐在其中。

图4-3展示了经过合理优化的商业内容范式页面。

虽然范例页面只属于佛罗里达州阿拉楚阿市（Alachua）一家极小的汽车经销商，但内容却十分值得研究。经过简单的链接分析，我们就可以得出该页面没有任何导入链接，但该网页仍在"佛罗里达州盖恩斯维尔市舷外船舶马达"和"佛罗里达州盖恩斯维尔市水星舷外马达"这样的商业词条搜索结果中高居榜首。

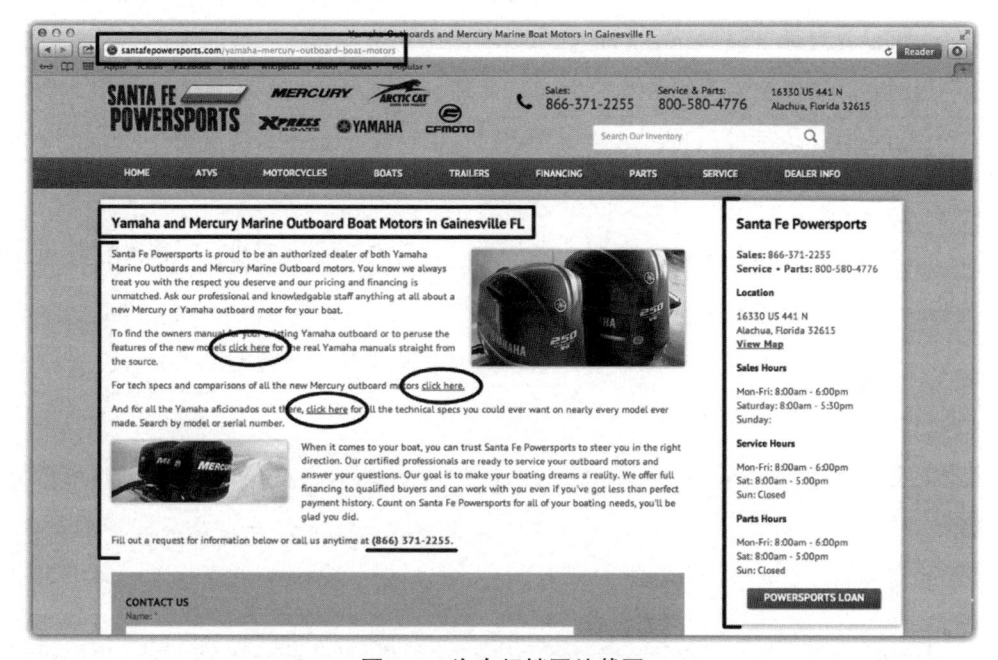

图 4-3　汽车经销网站截图

注：该网站堪称合理优化的典范，题目命名、内容支持和反向链接方面做得十分出色。

让我们仔细看看究竟为何。题目标签不仅囊括了重要关键词，还精准涵盖了主要内容：佛罗里达州盖恩斯维尔市雅马哈和水星牌舷外船舶马达。

短文内容用词恰当、方便阅读，且为用户提供了有用信息。

圣塔菲（Santa Fe）动力运动很荣幸成为雅马哈舷外马达与水星舷外马达的授权经销商。我们永远都对顾客以诚相待，提供最优惠的价格与合理的贷款方式。有关为爱船挑选全新水星舷外马达与雅马哈舷外马达的所有问题都可以咨询公司的专业顾问。

已有马达用户点击此处直达官网查看雅马哈舷外马达用户手册，了解雅马哈新款马达的卓越性能。

雅马哈马达的狂热粉丝请点击此处，查看几乎全型号马达的完整技术参数。请按照型号或序列号搜索。

有关爱船的所有问题，您都可以完全信赖圣达菲动力运动，让我们来为您导航。我们拥有官方认证的专业教练，时刻准备为您答疑解惑，为爱船的舷外马达提供服务。我们的目标是让您拥有完美的游船体验。我们还可以为符合资格的客户提供完整贷款方案，即便您的还款记录略有瑕疵，我们也可以为您提供相应的解决方案。有关游船的所有问题都请交给圣达菲，我们绝对不会让您后悔。

从上述案例可以看出，关键词不多，页面所有内容都真实可靠。网站管理员还将网站向外链接到舷外马达的权威网站。

已有马达用户点击此处直达官网查看雅马哈舷外马达用户手册，了解雅马哈新款马达的卓越性能。

本段链接到了 www.yamahaoutboards.com/owner-resources/owners-manuals。

雅马哈马达的狂热粉丝请点击此处查看几乎全型号马达的完整技术参数。请按照型号或序列号搜索。

本段链接到了 www.yamahapubs.com/index.do? pg=search&category=4。链接指向一个完整的数据库，包含了雅马哈所有舷外马达型号的全部技术参数。

稍微在谷歌上一搜就可以得到这类资源。将权威资源的链接加到网页上有利于提升网站价值，且一般能在搜索引擎结果中获得谷歌优待（详见图4-4）。

该页面在其他几个方面也表现得十分突出。大家在查看网页的时候可以滑动鼠标放大图片查看图片alt标签。alt标签是给视力受损者和盲人用户看的。有了alt标签，盲人也可以通过软件接收网页上的图片信息或者通过盲文设备了解图片描述。这其实是放置关键词的绝佳地点，但也不可以随意填写或任意堆砌。为图片撰写替代标签的时候要把自己想象成一个盲人，问问自己想要听到什么样的描述。

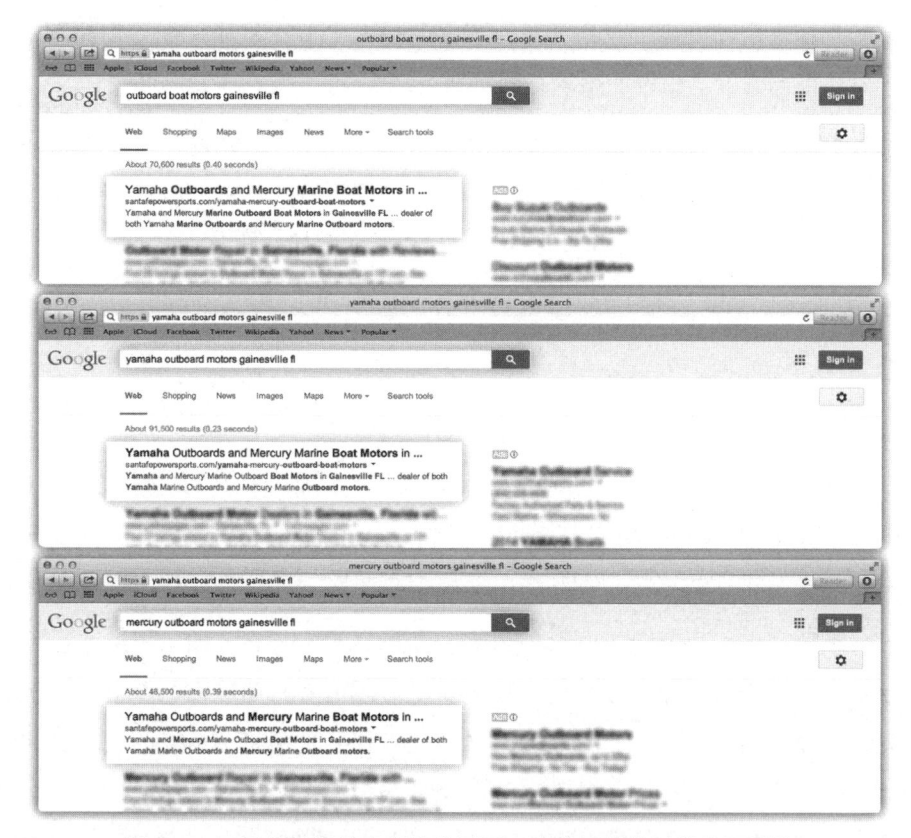

图 4-4　不同关键词搜索都能找到同一家合理优化过的公司网站

在该案例页面中有以下替代描述：

　　雅马哈 舷外马达

虽然描述没有涵盖目标关键词，但是精准讲述了图片真实的内容。以下行为则有可能被视为错误的 alt 标签用法，相关页面甚至域名极有可能受到谷歌惩罚：

　　佛罗里达州盖恩斯维尔市特价雅马哈舷外马达雅马哈船舶马达佛罗里达州盖恩斯维尔市低价雅马哈舷外马达特价出售佛罗里达州盖恩斯维尔市佛罗里达船舶马达盖恩斯维尔市雅马哈舷外船舶马达船舶发动机低价出售佛罗里达船舶马达佛罗里达雅马哈船舶马达盖恩斯维尔市雅马哈佛罗里达雅马哈

如果各位不幸失明，又想要浏览网页，大家比较希望听到哪种图片描述呢？

第一种描述清晰准确，指向清楚，视力受损人士与谷歌都会赞赏此种描述；第二种则是关键词刷屏，很可能招致谷歌重罚。

请各位务必牢记谷歌珍视并奖励实用的行为。在撰写网站内容时，大家要小心使用目标关键词，清晰地描述产品与服务，尽量使用恰当权威的链接指向有用数据或实用工具，使用清晰的 H1 分类题目，发布相关的图片与商品。

内容

网站一直都是坚持内容为王的原则。主导谷歌有很多绝佳策略，但底线是不要戏弄谷歌。秘诀在于各位需要清楚地明白谷歌的意图，然后坚决执行。谷歌想为用户匹配精准搜索信息，所以我们就要竭尽所能地让网站内容有趣、相关、及时和一致。

除了保证内容的相关性，各位还需要保证内容的独特性。复制与抄袭绝对是下下策，谷歌绝对不会提升此类网站的排名。我们是骗不过谷歌的，所以坚决不要在同一网站的不同网页上重复使用相同内容。在谷歌或者其他搜索引擎上随意搜索内容并复制粘贴到自己网站上，然后坐等网站排名提升也是绝不可能的。从互联网随意剪切和拼凑不同来源的碎片信息，然后重新组织并发布也无异于作茧自缚。还想借此提升谷歌排名？简直是痴心妄想，白日做梦。经营网站跟在学校念书是一样的，老师绝不允许学生递交抄袭的论文或读书报告。谷歌也一样。谷歌不可能认可剽窃他人内容的网站。实际上，很多免费软件和付费软件都可以检查是否存在内容重复或内容剽窃。这些工具是要与搜索引擎优化工具配套使用的。

内容的关键词密度

根据维基百科的定义，关键词密度是指关键词或关键词组占网页总字数的比例。谷歌算法在鉴别某网站或网页是否与关键词或者关键词组相关时会（部分）考虑关键词密度。例如，一家位于得克萨斯州达拉斯市的二手车经销商，专攻"不良信用及空白信用"汽车贷款，网址为 www.BadCreditDallas.com，那么网站主页文本中出现"不良信贷""得克萨斯州达拉斯市"才算合理。

重要提示

务必避免在网页或者网站上堆砌关键词。仅凭在网站上穿插关键词就想博得谷歌欢心，提升网站排名是不可能的。从前，大家还可能侥幸逃脱，但谷歌不断推出新算法（例如企鹅算法、蜂鸟算法、熊猫 4.0 等算法），正是为了打击和严惩垃圾网站与操纵排名的行为。各位要像写广告文案一样创作网站内容——内容专业、引人入胜、语法得当、拼写正确和逻辑合理。内容的受众是用户，所以堆砌关键词是坚决行不通的。我们应该将关键词密度控制在 1% 到 3% 之间。超过这个比例就可能被谷歌认定为关键词堆砌或关键词滥用，并予以惩罚。

大家要做的事情是撰写精彩的文案：

- 描述贵公司的网站或网页、产品和/或服务、超值配套；
- 明确问题并主动回答，提供解决方案；
- 运用域名、题目标签、无描述、题目标签、alt 标签、视频、地理定位区域、目标客户/受众/群体用过的关键词；
- 使用关键词密度分析工具。

结论

有关网页和站内搜索引擎优化对搜索引擎优化和主导谷歌首页的作用，我完全可以写一整本书。但本书的独到之处在于内容独特，策略有效：谷歌大富翁游戏策略的真正力量在于同时主动采取多个方法，实现主导谷歌首页的协同增效作用。协同增效作用是指两个及两个以上因素共同作用，结果每个因素都能发挥出比单独时候更强的作用。在大富翁游戏中，海滨大道房产固然好，公园广场也非常不错。这些房产都能产生不错的收益，但只有综合所有资源才能获得终极垄断。

协同增效作用与本书密切相关，随后本书还会讨论很多效果显著、作用惊人的策略。事实上，成功运用其中一个策略就足以获得显著效果，取得成功。然而，如果大家能将大好机会整合起来，就一定能够打造出绝佳的协同增效策略，令旁人望尘莫及。这才是赢得谷歌大富翁游戏的终极方法。

本章深入讲解了站内搜索引擎优化策略。正如本书之前所提到的，虽然谷歌大富翁游戏和主导谷歌首页过程中有很多策略，但网站始终是我们的锚。第 4 章的内容对视频优化、社交媒体优化和主站优化等策略都大有裨益。

新一代网站搜索引擎优化

设想一下游戏中的场景：对手拥有太平洋大街和宾夕法尼亚大街，他们就在拐角处，虎视眈眈。那接下来会发生什么呢？他们能否掷出完美的骰子，抵达北卡罗来纳大街，巩固自己的垄断地位？抑或他们会错失目标，锒铛入狱。他们还可能扔过一格，落在中间的"死亡地带"，只能靠社区福利基金维持生活。

本书对很多有效的方法、策略和秘密都进行了整体与细节的描述，目的都是实现主导谷歌首页。然而，为了赢得谷歌大富翁游戏，我们必须提前规划好未来的四五步棋。我们必须考虑到谷歌可能改变以及可能如何改变搜索算法。我们还要弄清用户的搜索方式。如果我们能够成功预测或尝试预测事情的发展方向，就不仅能在主导搜索引擎中拥有竞争优势，还能引领行业发展趋势。根据谷歌及其用户进行逻辑预测是赢得谷歌大富翁游戏最重要的环节之一。

大家也无须害怕，发愁究竟如何才能预测谷歌行为。我们只需要知道用户搜索偏好即可。思考一下以下问题：我们想要解决哪些人的问题？如果我们是提问者，那会在谷歌上输入什么内容？我们的孩子会在谷歌上输入什么内容？我们的父母会在谷歌上输入什么内容？简单来说，就是以始为终。乍看上去，谷歌还挺唬人的，毕竟是市值数百亿美元的上市公司。但如果把这些抛到一边，单纯看一下 www.Google.com，我们能看到什么？不过是有搜索框的空白页面而已！谷歌一直都尽量保持网站简洁明了、切中要害。虽然预测谷歌有些不切实际，但本书还有一个秘密锦囊：明确谷歌提高相关性、时效性和速度的方式，知道谷歌如何为用户匹配精准信息，我们就能在积极策略上迈出一大步！

本书饱含经验、秘密、提示、策略和资源，可以为贵公司提供独特的竞争优势与领先他人的必要知识。这一点非常重要，因为要想做出最佳决定就必须想好把时间和金钱投到哪些营销方案中。

为了给未来制订更好的计划，我们还需要对互联网的过去和未来发展路线有所了解。大部分人可能听过互联网 1.0 和互联网 2.0，但知道过渡时期的人却少之又少。

互联网 1.0 也称"静态"互联网或"只读"互联网。直到 20 世纪 90 年代末期，网站上几乎没有任何互动。随着新世纪的到来，动态期刊（LiveJournal）和博客一类的网站为用户提供了在互联网上发布信息的简单方式。从那开始，以 My Space 为代表的社交网络站点和以 Digg 为代表的社交新闻站点形成了在线互动的新途径，并最终形成了现在的社交媒体。在线互动能力从根本上改变了人们使用互联网的方式。大约也是在这个时期，以关键词为主的内容和优化组成了搜索引擎优化的主体。

未来将是语义互联网的时代，也称互联网 3.0，这将再次掀起互联网革命。改变包括语义标记、超个性化搜索和演绎推理，这些都能为用户提供最匹配的搜索结果。谷歌大富翁游戏策略正目睹这些改变成为现实，因为谷歌也在鼓励网站使用语义标记，这样搜索引擎就能像人一样阅读互联网了。

随着蜂鸟算法的更新，谷歌迈出了互联网 3.0 时代的第一步。该更新的重要意义在于极大地提升了谷歌评估用户喜好的能力。例如，如果现在在谷歌上搜索"2012 款尼桑天籁"会得到很多搜索结果，从单纯信息到汽车评价，从经销商名录到 edmunds.com、凯利蓝皮书（KBB）、cars.com、汽车—交易等第三方供应商。未来的搜索将会被更长、更详细的搜索要求占领，例如"我想买一辆黑色的 2012 款尼桑天籁，行驶里程不超过 3 万英里"。这就能跟搜索同款车型不同方面的结果区分开来，例如其他人可能想搜索"我想阅读有关 2012 款尼桑天籁的所有评论"。

未来的搜索是关于语境的搜索，不只是关于内容和链接。最新的谷歌算法更新已经开始强调未来搜索结果的相关性，剔除试图操控平台的网站结果，惩罚抄袭内容的网站。

在最近的一轮更新中，汽车经销商的受损就颇为严重。此前的网站供应商策略不佳，使用过时的系统，专爱嵌入重复内容。处理企业名录的开发工程师和网站供应商在代码中使用"rel=canonical"这一术语就能让搜索引擎知道一些正当合理的内容复制。

再次回到 2012 款尼桑天籁汽车的例子。全球所有尼桑经销商卖的天籁汽车都是一样的。不同的天籁汽车可能在颜色款式上略有不同，但在经销商网站名录上，每款汽车的信息都是完全一样的：电动车窗、电动遥控锁、CD播放器以及合金轮毂等。这种长串的标准配置和选择就是重复内容。因此，标准化就应运而生，目的就是告诉搜索引擎"这类重复内容我有很多，但我的目的并不是扰乱搜索结果"。

谷歌根据相互联系的关系网络为页面分配信任、权威和价值。如果汽车经销商有500辆汽车库存，就可能有500页重复内容。网站页面又通过各种链接和导航与网站所有其他页面连接起来。这些链接构成了网站页面的相互关系。如果关系设置不当（例如，内容大量复制的页面与高质量页面连接在一起），结果就是整个网站的信任水平和权威水平都会大幅下降。

因此，不告诉谷歌产品名录并非重复垃圾信息就会导致网页关系严重受损。网站所有页面都会因为部分页面上的重复内容而贬值，这些都是因为没有正确使用特定的简单代码。如今，90%以上的汽车经销网站都存在此类情况。

如果汽车经销商网站名录存在多次重复同样产品的情况，只需一个简单操作就可以查看贵公司网站是否使用了权威标签。前往名录页面，确保产品不止一个，然后右击鼠标"查看来源"（苹果自带浏览器不支持该功能）会跳出一个弹窗，里面都是组成网站前端结构的代码。然后进行"查找/替换"搜索（在电脑上使用"Command"或"CTRL+F"），输入"canonical"。

搜索之后页面上有无高亮内容？如果没有，贵公司产品页面就没有使用正确标记。换句话说，贵公司网站在跟谷歌说："嘿，虽然你们不喜欢重复内容，但我们的网站上到处都是。"

其他类型的标记还有很多，Schema.org中有细节描述，本书就不赘述了。本书的目的是给出一些可能存在的危险信号，为贵公司与网站供应商提供讨论话题。

本书剩余部分要逐渐过渡到主导谷歌首页和提高曝光策略的另外75%，即"站外搜索引擎优化"。之后每个章节都会详细阐述站外搜索引擎优化的不同策略。当然，我们还须秉承要事第一的原则，视频和视频搜索引擎优化贯穿主导谷歌首页策略的75%，因此要重点讲解。

视频搜索引擎优化是赢得谷歌大富翁游戏或主导谷歌首页最重要的环节，其影响力是其他任何元素都无法比拟的。所有的站内搜索引擎优化和站外搜索引擎优化都无法带来视频搜索引擎优化这样立竿见影的非付费搜索引擎优化结果。如果各位真想碾压对手，打造独家竞争优势，令主导谷歌首页成为现实，千万不要错过本章内容。务必多做笔记，反复研读。本章节能够迅速为贵公司带来重大转变，即立竿见影的积极效果。即便大家对前面章节没什么兴趣，随后本章要讲的策略可千万不要错过。我的客户曾不惜重金让我教授他们下述策略技巧，而现在大家却能凭借一本廉价的图书轻松获得营销摇钱树。

深入讲解视频搜索引擎优化之前，本书要先为大家普及一些有关视频的重要信息、事实与数据。

- 众所周知，"最好莫过一张图"。福瑞斯特研究（Forrester's Research）的副总裁麦奎维（McQuivey）博士发现，"1分钟视频的内容相当于180万个书面字"！基于自己对视频的看法，他还说过视频包含视觉、声音、动态、肢体语言、艺术技巧和全感官模拟，能够集中向人们传递、表达、推销或者认证某事物。
- 与其他媒体形式，例如写信、写邮件、打电话、发短信等相比，人们更喜欢观看视频。

WIN THE GAME OF GOOGLEOPOLY

第 5 章 视频与视频搜索引擎优化

- 正如第 2 章提到的，YouTube 是世界第二大搜索引擎。YouTube 的月浏览量超过必应、雅虎、美国在线和爱问之和，仅次于谷歌，而 YouTube 本身又是谷歌旗下的产业。
- 2013 年 12 月，美国 1.882 亿人观看了 524 亿在线视频内容。平均每个美国人在观看在线视频方面花费超过 19 个小时。
- 2013 年，7210 万美国智能手机用户至少每月都在移动终端上观看视频。2014 年，该数字有望达到 8680 万，超过美国人口的 1/4。
- 25 ~ 54 岁的人群中超过半数会分享在线视频。
- 90% 的消费者观看在线视频。
- 71% 的消费者说视频是展现产品真实特征的最佳方法。
- 手机购物用户观看视频的概率是台式机购物用户的 3 倍。
- 到 2017 年，网络视频流量将占到全球消费者互联网流量的 69%。
- 潜在用户点开视频链接的概率要比点开静态链接的概率高 53 倍。谷歌首页的视频只占指甲盖大小的地方，但与其他链接相比，用户点开该区域的概率比点开其他区域的概率要高 53 倍。

如果这些数据还不足以令你震惊的话，且听本书分析其中的传播学原理：

- 55% 的传播和视觉感受与身体语言相关；
- 38% 的传播与音调及其变化相关；
- 只有 7% 的传播是与文本和词汇相关的。

上述这些信息意味着什么？意味着谷歌非常聪明，早就知晓了这个奥秘：用户需要视频！再次重申：在所有的内容形式中，用户最钟爱视频。本书之前曾提到过，谷歌的目标是为搜索信息的用户提供精确的匹配信息。公众对视频内容的需求、期盼与渴望影响了谷歌的算法。因此，谷歌算法才会偏爱视频内容。什么意思呢？很简单：如果贵公司合理优化网站，需要 30 天到 90 天才能提升谷歌排名。假设贵公司网站在某些关键词和关键短语中的竞争力平平，那么网站能在（最少）30 天内提升排名就已然十分幸运。然而，一个竞争力平平的全新视频经过合理优化后，几天甚至几小时就能登顶排行榜。容我重复一次：传统网页登顶排行榜需要花费一个月、两个月甚至三个月，但合理优化的视频竟然在几天甚至几小时之内就能提升排名，主导谷歌首页！

个中道理非常简单：谷歌尤其偏爱经过合理优化的相关视频。在谷歌上，网页

第 5 章
视频与视频搜索引擎优化

要比视频多得多。理由很简单：互联网技术诞生之初没有视频，只有网页。网页数量早已堆积如山。因此，视频刚刚诞生的时候，数量肯定不及传统形式的数量。然而全球用户都钟爱视频，谷歌也只得如此。因此，如果贵公司视频质量上乘（声光效果）、优化合理、相关度高，就极有可能轻松超越非视频内容。谷歌会奖励贵公司一张极为有利的机会卡："向前走，获得 200 美元。"贵公司不仅能完美超越对手，还免除了在他人房产上支付租金的风险。

有没有觉得很兴奋？大家着实应该兴奋得睡不着。但更刺激的还在后面呢！在逐步讲述如何实现目标之前，本书还要讲述视频搜索引擎优化的其他惊喜用途：一石二鸟（详见图 5-1）。例如，在谷歌上搜索下列信息。

图 5-1 征服性视频主导谷歌搜索引擎这一事实的两个神奇案例

注：在第一个案例中，搜索关键词是丰田卡罗拉，得出的结果却是本田思域；第二个例子中搜索的关键词是 Rav4，但宣传本田 CRV 的视频却排在最前。

- 丰田卡罗拉托伦斯
  - 首先映入眼帘的竟然是有关本田经销商的非付费视频结果。用户搜索了丰田卡罗拉托伦斯，结果却在谷歌非付费搜索结果中先看到了本田思域。这才是主导谷歌首页的终极策略展示。为什么？丰田的美国制造总部位于加利福尼亚州托伦斯，丰田在加州最畅销的车型就是卡罗拉，因此，用户在搜索丰田卡罗拉托伦斯的时候肯定是希望看到丰田经销商，结果却让人大跌眼镜！谷歌的非付费搜索结果第一名竟是关于本田思域的宣传视频，讲述本田思域为何优于丰田卡罗拉。好好想想本章刚刚说的，用户视谷歌为全知全能的神谕，甚至在网站上搜索丈夫、妻子、宠物、家具、汽车、房子之类的信息。人们信任谷歌，每天都问谷歌很多问题。因此，如果用户搜索加利福尼亚州托伦斯市丰田卡罗拉，结果"谷歌大帝"却说"不，谁稀罕买丰田卡罗拉，大家真正想买的是本田思域"，那么用户很可能会选择相信谷歌，毕竟这是谷歌说的嘛！

- 迈阿密 Rac4
  - 用户在谷歌上搜索这个词条会出现将近 100 万个结果，但非付费结果中排名首位的竟是本田瑞克卡斯！是不是再次感到了震惊。除了谷歌非付费搜索结果排名首位，本田经销商的视频也对丰田所有经销商形成了一边倒的攻击态势。本田视频不仅质量很高而且颇具战略意义。视频传递的价值观不仅有本田比丰田好，还有为什么"本田瑞克卡斯经销商"是满足客户各种需求的唯一选择。

让我们深入分析一下上述案例。主导谷歌首页的情况不仅会发生在用户搜索贵公司或者贵公司产品与服务的情况下。有了视频搜索引擎优化，贵公司还能主导竞争对手，如果贵公司售卖"雪碧"，但用户在搜索"可口可乐"或者"百事可乐"，那么贵公司仍能出现在谷歌首页的各个位置。大家能想象到其中的价值吗？例如，在汽车销售行业，谷歌与 Compete and Polk 公司共同进行了一项研究，结果表明 72%~79% 的汽车消费者"交叉购买"了其他品牌。也就是说用户在搜索福特 F-150 时，72%~79% 的情况下会看到其他卡车（例如，道奇 1500 或者雪佛兰索罗德）。这条信息为何如此重要？很简单，如果大部分潜在客户都在搜索直接竞争对手，而贵公司没有适时出现，简直就相当于将钞票拱手送人，而且是大量钞票。因此，贵公司需要明确"征服"是整体营销策略和广告策略中的重要部分，而"征服"对手的最佳策略就是打造视频搜索引擎优化策略。

相信大家在消化了新型视频搜索引擎优化策略的全部内容后，已经摩拳擦掌、跃跃欲试了。本书将逐步向各位解释如何免费实现该目标，或者雇用别人（外包）

第 5 章
视频与视频搜索引擎优化

帮助贵公司实现该目标。不管怎样，本章都将对贵公司营销方案产生重大影响。

经过合理搜索引擎优化的网页或者网站跟经过合理搜索引擎优化的视频有许多相似之处，对此部分人可能会觉得十分新奇。网站和视频拥有相同的"遗传因素"，详见图 5-2：

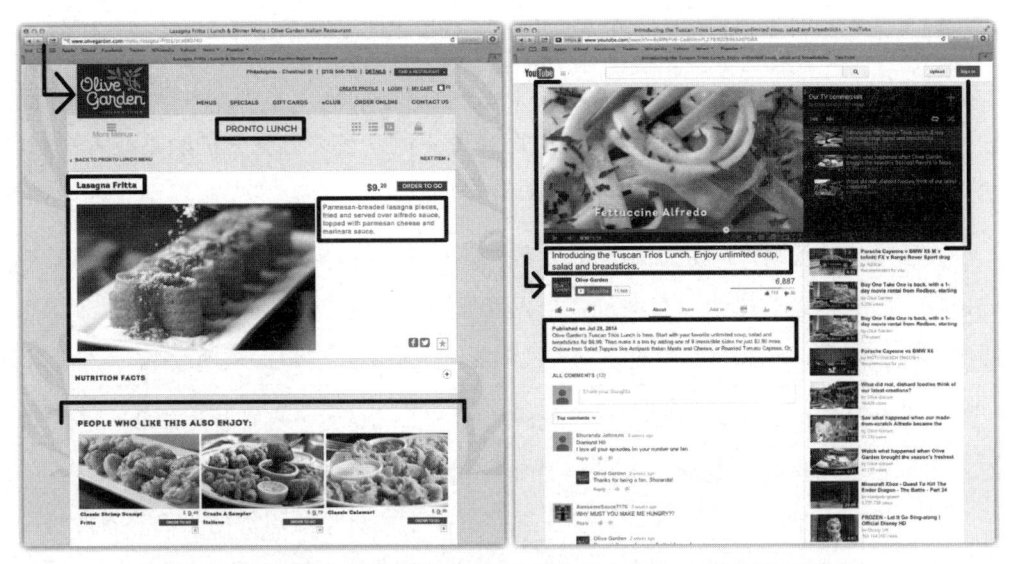

图 5-2　标准网站页面与经过合理优化的 YouTube 视频页面对比

注：两个页面有诸多相同元素，例如图片、描述、标题，还可以添加元描述、标签和关键词。

与网站相同，视频也有统一资源定位符、超文本标记语言代码、元描述、文本内容、链接、元标签或关键词等。如果网站想在谷歌得到合理排名，主导谷歌首页，视频也需要按照谷歌算法进行合理优化。

如果大家理解谷歌以及谷歌的需求和原因，还知道如何合理优化网站或网页，就可以直接将其用到打造和培养自己的搜索引擎优化策略中去。恭喜各位早已抢占先机。本书的结构经过了精心设计，章节内容排名区分先后，后面章节以前面章节为基础，各个章节相辅相成，读得越多，越深入学习书中内容，其价值也越大。

关于视频，人们有很多疑惑。不幸的是，很多人不知道视频可以而且应该得到合理的搜索引擎优化，大家都觉得把视频传到网上就万事大吉了。非也。大家读到本章时都会大吃一惊，因为之前从来不知道虽然视频搜索引擎优化与传统网站搜索引擎优化在价值和策略上有诸多相似之处，但是也有重要区别，即视频价值远远超过传统网页。此外，我们还能轻松地为视频增加补充视频，并上传到多个视频搜索引擎（例如Vimeo、YouTube、Truveo、Metacate等）上。可随意添加与可多平台上传的特点相互作用能够产生协同效果。

想象一下有能力、有资源、有资本打造多个甚至无数个火力全开的网站。经过搜索引擎优化的多个视频就相当于贵公司和贵公司业务火力全开的网站或者主站。恭喜大家中头彩了！我们落到了免费停车场上！

占领最佳位置房产才是我们谷歌大富翁游戏的目标和首要战斗任务。视频是最佳选择，因为视频简单快速又廉价，是无可争辩的最优选项！因此，如果贵公司想要巩固谷歌地产，寻求大量产出，只有视频能产生最直接、最深远的影响。

大家可以将视频搜索引擎优化想象成"交互式多媒体视频点播"电视广告。例如，如果贵公司优化了视频，又刚好有住在新泽西州梅德福或周围地区的人饿了，想吃日本料理或日式烧烤，他们就会在谷歌上搜索"新泽西州梅德福的日式烧烤"，点击观看谷歌首页带有缩略图的两个日式烧烤新店推介视频。两个缩略图很显眼，我敢保证，大部分人会先点击视频，而对搜索结果页面上的其他静态内容视而不见。不管点击其中哪个视频，用户都会被征服，因为视频中家庭和朋友聚餐的欢乐场景以及日式烧烤大厨演出般的烹饪技巧实在令人禁不住赞美与钦佩。但凡想找餐馆吃饭的人都会被视频吸引。

让我们更为深入地讨论一下。搜索"新泽西州梅德福的日式烧烤"会出现5600个结果。正如刚才所讲，本地人搜索新泽西州梅德福日式烧烤会发现茉莉花日式烧烤店（Jasmine）能出现多次。此外，谷歌首页上还有两个视频缩略图。视频就像电视视频点播广告一样。与之形成对比的是不停用广告给人们洗脑的电视和广播，这两者根本不管大家对特定产品或服务是否感兴趣。而视频搜索引擎优化则完全不同。人们向全知全能的谷歌寻求答案，问新泽西州梅德福哪里有日式烧烤，万能的谷歌不仅给出一系列备用选项，还锦上添花地给出了两个精美的多媒体网络广告。广告中展现了真实的人物与家庭在茉莉花日式烧烤店吃饭的场景。此外，视频中还有真实的大厨展示烹饪技巧与烧烤技巧，外加餐厅实景。此条视频不仅内容上相关而且极具吸引力，符合用户需求，完美地解答了用户问题，还避免了"遍地开花"的传统广告扰乱用户正常生活的情况。

有关视频搜索引擎优化还有更加不可思议的案例：

> 如果用户位于新泽西州而且刚好想吃日式烧烤，不过不是随便一家日式烧烤就行，顾客只想去新泽西州最好的日式烧烤餐馆。因此用户就会在谷歌上搜索"新泽西州最佳日式烧烤"，随后谷歌非付费结果首页就会出现茉莉花日式烧烤店的一条视频，在23万个结果中一枝独秀。这个例子很有说服力，因为该条搜索并不仅限于新泽西州某一城市的地理定位搜索。在新泽西州"最佳"日式烧烤餐厅的搜索中，该视频脱颖而出。最令人惊喜的是敲完回车之后，该视频是唯一出现的视频——该视频明显区别于其他结果，鹤立鸡群。

地位突出，人们当然会点击此视频，而不是其他显示出来的结果。

案例

我们先浏览一下视频搜索引擎优化的框架，然后回到各个关键步骤，逐步分析讲解细节与案例。

- 策略。搜索引擎启蒙。
- 启动所需资源。
  - 设备：摄像机、软件、音频、灯光。
  - 视频搜索引擎：YouTube、Virneo、Trureo、Viddler、Revver。
- 牢记目标。为目标关键词与关键短语制订计划，排列次序；列出框架。
- 视频内容创作。包括音频、灯光、设备、编辑及优化。
- 优化：
  - 标题；
  - 描述：联系方式、独特内容、地点导航和反向链接。
  - 分类；

- 元标签 / 关键词；
- 根文件优化；
- 地点（地理定位）；
- 日期；
- 字幕添加。
- 联合不同视频搜索引擎和社交媒体等多平台发布。
- 补充上传策略、日期、资源。

如何打造正确的视频搜索引擎优化宣传策略

策略

合理视频搜索引擎优化的第一步就是制定策略。事实上，很多人根本就没有策略，还有的人压根不知道自己在做什么，这让我感到十分震惊。其实大部分人都是往互联网上上传未经优化的不相关的视频甚至是垃圾视频。究其原因，有的人是根本不知道，有的人则是完全不在乎。优化网站如同逆流而上，优化视频则简单得多。只要仔细优化视频就能产生立竿见影的效果，后续影响也很深远。

为了帮助各位打造获得高曝光度的最佳策略，本书将向大家提供一些有趣的现象和细节。如果运用得当，贵公司可以轻松获得竞争优势。

大家是否知道搜索引擎尤其是谷歌的以下特点：

- 模式识别搜索技术（面部和图像识别）；
- 语音识别技术（语言和音频）。

模式和语音识别搜索

很显然，谷歌和其他搜索引擎看待视频、图像和人脸的方式与人类完全不同，因为搜索引擎是电脑和软件，我们则是有感知能力的活人。然而搜索引擎确实也有"观察"能力。在搜索引擎眼中，视频、图像和像素只是数据——形式和模式。谷歌的技术可以清晰地观察这些模式、像素和图像。经过长时间的磨砺和进化，谷歌已经可以识别带有图片和人脸等信息的模式了，即模式/面部识别软件。软件功能分为几个不同级别，其中最先进的应用实例就是军队和政府的面部识别技术，可协助美国中央情报局和美国联邦调查局搜索恐怖分子。

该技术也有成功的商业应用案例。用户可以通过人脸识别技术在社交媒体和移动应用中在线圈出朋友。另外一个应用实例就是在谷歌街道全景中保护公众隐私。谷歌街道全景车在街上采集连续镜头时会应用该技术识别并抹除车辆附近的人脸。面部识别技术也可以让用户在谷歌+中圈出图像和视频。面部探测技术与面部识别技术有所不同，因为面部探测技术不会告诉用户图片或视频里究竟是谁，而面部识别技术就能帮助用户在照片中找到并圈出相应人物。很多时候我们登录Facebook后就会发现有朋友在照片中圈出了我们，或者我们上传照片时，谷歌会推荐我们圈出朋友。

让我们更为深入地讨论一下该话题。拥有这样的先进技术着实很棒，但我们仍旧应该深挖技术背后的意义。所有的图片、图像、标识、视频和像素等数据都存储在谷歌的数据库中（当然也包括谷歌+），Facebook、Instagram、Printerest、Flickr、PhotoBucket、雅虎、必应、YouTube等。所有数据都经过了精心的收集、存储、分类和组织。随着数据的不断累积，识别和探测软件以及搜索引擎范式逐渐形成。例如，假设我们将总统贝拉克·奥巴马的图像上传到多个网站、社交媒体平台和搜索引擎，在标题标签、H1和H2标签、元描述、锚文本、元标签、关键词、alt标签等都标注为"贝拉克·奥巴马"。不久之后，包括谷歌在内的面部识别/面部探测/搜索引擎就会将"贝拉克·奥巴马"的图像与"贝拉克·奥巴马""贝拉克"和"奥巴马"之类的文本或单词联系起来。

让我们深入见识一下技术的力量与复杂性。大部分社交媒体网站都是相互连接的。有的软件是部分整合，有的则是全面整合。iTunes和安卓的移动应用也是如此。不管是使用特定应用，还是将两个不同社交媒体平台整合到一起，或者大家想使用社交媒体平台上的一个应用程序界面（API）或者应用，这些应用和社交媒体平台都会要求访问其他社交媒体平台或者应用的信息、详情和朋友名单。有时候，这些应用和社交媒体平台还会丧心病狂地要求其他平台或应用上的特殊权限，大部分人竟然都随意授权了。因此，这些不同公司和不同技术不仅能从用户处收集数据，还能彼此分享数据。有时是因为用户许可，有时则是买卖获得（这种行为竟然都能获得用户许可）。陈述上述事实的目的只有一个：人们、网站、图片和视频在贴标签的时候，各大网站和平台就能收集、存储、组织、分类、购买、销售或者分享大量信息。事物也由此有了自己的名字。

另一个案例就是商业标识，例如耐克的对勾和本田的"H"，都属于大型公司的标识。相信成千上万的图片、图像、草图、像素和视频都带有耐克或本田的标识。实际上，在谷歌上快速搜索"耐克标识"会出现 1.35 亿个包含"耐克标识"这一关键词的页面和文档索引。首先出现的是无数版本的耐克标识。如果只查看图片结果，我们会看到成千上万的图形和图像，它们颜色各异，格式不同。这是怎么回事呢？谷歌学会了识别耐克标识，不管标识里有没有耐克字样，谷歌都能认出来，即谷歌和其他搜索引擎都将"对勾"识别成耐克标识，不管标识中有无对应的字母或单词。这对图像识别和图像探测来说已经是非常了不起的成就了。

说完图像识别，我们再关注一下语音/音频识别搜索技术。语音/音频识别技术与软件面部识别和图像识别功能相似。大家有没有在上传 YouTube 视频的时候加上心仪乐队的歌曲或者电台热播金曲？如果有，YouTube 肯定会提醒诸位，上传的音频与"第三方内容"实现了匹配。其实，这就相当于 YouTube 在说："等等，这不是你的歌，这首歌的版权不归你所有，而且我们知道这个事实。"大家有没有好奇过，为什么 YouTube 可以在几秒钟内就识别出我们上传的视频带有不属于我们的歌曲？很简单，因为 YouTube 有功能强大的语音和音频识别探测技术。音频和 MP3 文档包含了搜索引擎元数据。图片与图像可以被优化，同理，带有关键词和标签的音频文件、歌曲、音乐和声音也能被优化，因为这些文件可以在搜索引擎标记自己。此外，YouTube 和其他视频音频搜索引擎都允许用户添加"解释字幕"文档来为音频文件服务。有的网站还允许用户上传完整歌曲歌词及音频文件草稿等。alt 标签的功能也完全相同，能够给盲人提供详细的（替代）解释，这样他们就能在无法从生理意义上看到图像的情况下完全理解图像代表的内容，并想象图像的样子。

MP3或者音频文件中的元数据主要是描述听力残障人士无法听到的音频的关键文字。听力残障人士虽然听不到词句，但他们能够清晰地查阅。目前，声音和语音识别软件的功能已经非常全面，甚至强大到可在不打字的情况下随意向电脑和移动设备提问任何问题，只需动嘴即可。写这本书的时候，我正在法国巴黎，为了给书籍选取合适的案例，我在谷歌上用语音搜索了"埃菲尔铁塔有多高"，几秒之后就跳转到了谷歌搜索结果首页，原来埃菲尔铁塔高301米。作为美国人，我从来不用公制，而且我很懒。所以我又问"谷歌大帝"："埃菲尔铁塔高多少英尺[①]多少英寸[②]？"谷歌又立刻大声回答："埃菲尔铁塔高986英尺。"没有任何迟疑。

苹果的Siri也取得了巨大成功，因为人们喜欢这种不用打字就能问问题的简便沟通模式，尤其是在工作、走路、开车或者做其他事情的时候。大声提问可比打出一长串问题或句子，浏览页面，再点击链接简单多了。向谷歌或Siri提问不仅省去了人工打字和人工搜索的麻烦，而且答案内容也变得更为简单，因为它们都用语言与内容相结合的方式回答问题，答案可能是谷歌上的搜索结果页面、图像、视频、地图或其他形式的内容。

跟图像和图片一样，音频、MP3元数据以及搜索引擎优化文件也可以被制造、存储、整理、分享、购买和出售。搜索引擎每天都在发展进化，每天都有数以百万计的歌曲、播客、音带和声音文件、MP3文件被分类、确认和认证。

总而言之，大家在阅读本书之前可能还不知道谷歌已经先进到可以理解和识别网站、网页，甚至图像、图片、歌曲、音频及其他所有形式的MP3文件了。这意味着谷歌不光可以整理图像、像素、图片、人脸、标识、音乐、音频、MP3文件等，还能分清什么是什么，谁是谁。

[①] 1英尺≈30.48厘米。——译者注
[②] 1英寸≈2.54厘米。——译者注

> **秘密提示**
>
> 与传统搜索引擎优化策略不同，视频有不同维度和不同深度的优化潜力。传统网页只有文本，而视频优化则有很多传统网页不具备的层次和机会。本书刚刚概括了谷歌整理和识别音频、视频、图像和图片的敏感程度与能力水平。因此，将视频纳入宣传策略一定能获得搜索引擎的青睐。
>
> 假设我们想要优化"新泽西州的最佳日式烧烤"这一关键词，就应当拍摄或制作一个特定视频：
>
> - 务必确保视频中有"新泽西州最佳日式烧烤"这些字眼；
> - 务必确保视频中有日式烧烤图片或者干脆就在日式烧烤店里拍摄视频。

视频搜索引擎优化不同于传统搜索引擎优化，如果大家不熟悉甚至没有听说过这些策略也不要担心。本书将为大家详细讲解这一完整过程的每个步骤。

为了确保之前的内容大家全部消化了，我们先来复习一下。谷歌不仅在音频、视频、图像和相关图片的分类方面拥有超凡价值，而且还有一些高级软件可以进行语音识别、面部识别和像素识别。我们要做的就是投其所好，为谷歌提供更多信息。尽量多在精心制作与细心优化的视频中填充细节（千万不要过度优化），这样谷歌的音频识别和视觉识别技术才能够有的放矢，真正识别视频内容。

切记世上没有魔力豆，也不要妄图欺骗谷歌。谷歌偏爱细节，我们能做的只有投其所好。日本有一种著名的哲学名叫"持续改善"（Kaizen），即不断改进的意思。具体来说，我们如果想要百分之百地改变某个事物，很难找到目标后就立刻令其产生百分之百的转变。这不现实。根据持续改善的原则，我们需要找到100个需要改善的目标，这样每次改变1%，就能得到百分之百的改变了。我认为持续改善的观点在主导谷歌中也非常重要。我们不可能轻易地在一件事上取得百分之百的成功或者百分之百实现主导谷歌首页。但如果我们能找到100个目标（并非必须100个），就能不断专注于主导谷歌的1%，综合起来我们就有百分之百的主导谷歌首页策略了。

在大富翁游戏中，玩家有28种可行的房产组合来赢得游戏，仅有一处房产是不可能赢得游戏的。房产组合才是赢得游戏的保证，谷歌大富翁游戏亦是如此。单个非付费搜索结果席位并不能结束竞争，但占据10个非付费搜索结果的全部席位（百分之百的改变）也非常困难。最佳策略是一个接一个地占据非付费搜索席位，综合所有席位的作用取得高额回报。

我们在优化视频内容时仍要时刻遵守传统搜索引擎优化的规则与策略。除了使用谷歌喜欢的各种合理优化技巧来优化视频，我们还有一种全新的独特方法为谷歌进一步提供优化与价值。

大家有没有玩过拼字游戏？这个游戏非常有趣，令人上瘾。拼字游戏有特定的规则。只要理解了个中规则，再加上丰富的词汇量和不错的拼写技能，我们就能乐在其中并赢得比赛。大家都爱玩拼字游戏，甚至还想出了赢得游戏的策略，想出了让规则为自己所用的方法，例如三词交叉得分等。

之后，一个名为"叠加拼字"（Upwords）的新游戏诞生了。该游戏完全改变了拼字游戏或原本的规则。在拼字游戏中，玩家只能在单词的开头和结尾添加字母。例如有一个单词是hat，玩家可以在hat的结尾加上ch，令其变为hatch。现在则是新游戏新规则，跟拼字游戏一样，玩家依旧可以在已有单词前后添加字母将其变为新单词，但现在玩家还可以叠加拼字了。玩家可以在已有字母上叠加字母。例如，起始单词为hat，玩家可以再在h上改放一个c，将单词变为cat。这就是拼字游戏与叠加拼字的区别。两个游戏都关注词汇量、拼写能力与创造力。但假设拼字游戏是二维游戏的话，那叠字游戏就是三维甚至四维游戏。这两个游戏也有很多相同之处，例如目标相同、累计得分、利用字母创造正确单词。然而，叠字游戏给玩家提供了更大的创造空间，赢得游戏的概率也更大。视频搜索引擎优化也是如此。我们可以将传统搜索引擎优化看作拼字游戏，将视频搜索引擎优化看作叠字游戏。两种策略各有千秋，同样重要，回报都很丰富（当然是在主导谷歌首页的前提下），但视频搜索引擎优化的功能还不止于此。视频搜索引擎优化给个人、公司和营销人员提供了更多的机会、工具和方法来发挥创造力，获取回报。

这是不是意味着我们可以把拼字游戏抛弃？当然不是！传统搜索引擎优化是必备技能，不会退出历史舞台，对掌握要领至关重要（因此本书第4章全部都在谈传统搜索引擎优化、站内搜索引擎优化），但是我们需要承认外面的世界还有一种游戏叫视频搜索引擎优化（即叠字游戏）。就我个人而言，在了解叠字游戏之前，我很喜欢玩拼字游戏。但现在看来，叠字游戏似乎更合理，不仅趣味性更强，发挥创造力的空间更大，赢得游戏的概率也更大！话虽如此，不擅长拼字游戏的人，叠字游戏肯定也玩不好。叠字游戏是新时代的单词游戏，就像视频搜索引擎优化是新一代的搜索引擎优化一样。

准备工作 / 资源

视频搜索引擎优化听上去可能科技含量很高，成功所需的资源可能也很唬人。其实，一切都是纸老虎，视频搜索引擎优化并没有听上去那么复杂，操作起来也根本不需要高科技设备和软件。以下为视频搜索引擎优化策略所需全部必备资源 / 技术的快速核对清单：摄影机、摄影棚照明、麦克风、视频搜索引擎、视频编辑软件（选配）、绿幕（选配）、电脑（选配）、外部硬盘驱动器（选配）。

摄像机。打造完美的视频搜索引擎优化内容，手机就足够了。只要手机别太落后，苹果、三星盖乐世或其他任何带有高清摄像头的手机就可以。现代手机已经非常先进了，完全不需要购买额外的摄像器械。当然了，视频清晰度有诸多等级，例如 4K 超清，数码单反相机甚至电影级别的设备。不过话又说回来，绝大部分人不需要那么高清的摄像机，这些是给音乐视频、真人秀和长片用的。只要对视频进行了合理优化，无论什么类型的摄像机都能帮我们实现主导谷歌首页的目的。此外，完美的视频内容可以烘托良好和震撼的效果，但视频质量不会影响视频搜索引擎优化的效果（只要使用超过 720p 的高清晰度摄像头拍摄即可）。

强烈建议大家坚持要事第一的原则，不要将预算投入到昂贵的高级摄像机中，而要多关注其他所需资源，例如灯光和麦克风。手机摄像头完全够用，不过大家可以购置一些手机配件提升拍摄效果。

- **镜头**：我们可以为苹果手机或安卓手机配置各种外部镜头。现在手机完全适配摄远镜头、广角镜头甚至单镜镜头。
- **三脚架、底座和 / 或防抖装置**：很多装置都可以提升手机性能。除传统三脚架外，还有新型三脚架，底座有很多种，有的可以变形，设置成适合手握的形状。
- **单脚架**：这个工具简直太棒了！单脚架可以帮助用户实现终极"自拍"。我们甚至可以在无须伸长胳膊或借助别人帮助的情况下自行拍摄视频。
- **移动摄影车**：跟传统视频拍摄团队的移动摄影车一样，但是自用的可以稍微小一点。移动摄影车就是移动的视频拍摄底座。移动摄影车可以在受控的情况下拍摄流畅的移动跟踪场景，提升了拍摄的专业程度。
- **防抖装置**：防抖装置对防止视频抖动非常有效，尤其是拍摄含有移动场景的视频，大家肯定不想观众看视频的时候被晃晕。防抖装置可以最大限度地消除或者削弱视频抖动，即使跑着拍摄都没关系。
- **音频/麦克风**：与购买昂贵的高品质摄像机相比，拥有良好的音频设备更为重要。我们都知道谷歌有语音识别软件与技术，因此为视频配备清晰的音频就显得尤为重要。视频拍好了，但音频效果很差，谷歌就很难或者根本无法捕捉视频中的音频，更别提与庞大的数据库进行音频配对了。例如，如果大家仅使用手机自带录音设备而没有使用外接音频设备，那么接收范围和接收能力就都会严重受限。另外一个问题就是，如果在吵闹的环境中（例如办公室、工作室、户外或者其他不安静的地方）拍摄视频，就会收到外部杂音，导致音频内容及音频搜索引擎优化效果受限。万一大家在刮着风的户外拍摄，那么可要小心了。在外面显不出有多吵闹，所以大家可能意识不到，但我敢保证待你拍完回到室内观看重播时，一定会被刮风产生的噪声所震惊。有些工具并不贵，大家都可以考虑购入：
    - iRig 麦克：这是第一款为苹果手机、苹果平板和其他安卓系统智能产品配备的手持麦克风。这款麦克风跟工作室麦克风非常相似，但是能够适配移动设备。
    - 无线领夹式麦克风：这是我最喜欢的设备，小巧便携，功能强大，实乃移动工作室之必备佳品。切记要同时购买发射器和接收器。整套装备可能价格略高，但其高质量、易携带的特性绝对会令你感受到物超所值。
    - 猎枪麦克风：该设备的作用是接收特定来源的音频信号，在消除背景噪音，增强整体音质方面表现优异，非常适合需要消除风声的场合。

为视频提供最佳音频主要有两个目的：首先是提升用户体验。高高兴兴地点开视频，结果发现音效很差，对用户来说无疑是糟糕的体验。视频声音过大或过小，用户都会不高兴，很可能干脆关掉视频，再也不想看第二次。要记住，第一印象可是一锤子买卖。如果视频内容很好，但音频水准完全不在线，那就太可惜了。即使视频内容完美，大部分音频也都做得很好，也于事无补。如果音频中出现任何不好、静止或者断片的情况，我建议大家放弃这条音频，重新拍摄或重新定义。不管怎样都不能发布音频有问题的视频。第二点是出于对搜索引擎优化的考虑。搜索引擎优化识别与确认需要音频清晰易懂。相信所有人都体验过以下的恼人场景：打给航空公司或银行这类有语音提示的机构，你清晰地回答系统提出的愚蠢问题，但电脑却根本无法精确识别你的语音指令。或者肯定有人用过通用汽车公司的 On-Star 安全信息服务或者苹果的 Siri 语音助手，大家绞尽脑汁地给出语音指令或语音提示，最终却还是落得扫兴而归的结果，因为软件根本不懂我们在说什么。至少我是要被这些东西逼疯了。就在前几天，我还跟 Siri 重复了 5 遍指令，甚至对手机大喊，骂她傻瓜。更气人的是我放弃了蓝牙，把听筒靠在脸上清晰平静地提出问题，Siri 还是弄不懂我在问什么。这说明虽然苹果公司和通用汽车拥有先进技术，但也不是总能分辨出音频提示中的词汇，谷歌也是如此。如果我们为搜索引擎优化准备的音频不尽如人意，那就别怪谷歌没法确认和识别音频的内容。

有关视频、音频的最后一点提示是：在开始拍摄前，我们最好先测试一下音频，保证设备状态正常。早点发现音频瑕疵总比拍完整个视频、采访或宣传广告后才发现音频没开或者根本用不了要好多了。

- **灯光**：视频内容的视觉完整性与视频音频的完整性同样重要，因为谷歌既有语音识别技术，也有面部和图像识别与探测技术。为了充分发挥技术的作用，我们需要保证视频的完整性。假如我们多次在 Facebook 上传配偶照片，谷歌就可以识别出我们爱人的照片并知道她的名字。例如，我上传了 50 张我妻子卡琳娜的照片，并圈出了她。Facebook 就"学会"并理解了谁是卡琳娜以及卡琳娜长什么样。因此，下次再上传卡琳娜的照片时，Facebook 就会提醒我圈出卡琳娜的名字。但是也有上传了卡琳娜照片但 Facebook 没有提示的情况，Facebook 有时就是认不出卡琳娜。当然卡琳娜本人没任何问题，只是她的照片出了问题（至少在 Facebook 看来是这样）。也就是说，没有睁开眼睛、拍摄角度奇怪、环境灯光不好等一系列因素都会影响卡琳娜照片的质量，导致 Facebook 无法识别。例如 Facebook 可能无法识别晚上没开闪光灯时拍的照片。拍摄室外照片时，多云天气也可能造成 Facebook 无法进行面部识别。但凡图片、图像、标志、目标等存在昏暗模糊、聚焦不清或其他原因造成的形状失真或格式畸形，我们就有可能无法受益于谷歌的识别技术。谷歌识别不出网站内容，就无法将内容与合理的图像/视频搜索引擎排名联系起来。

市面上有很多性价比颇高的灯光工具组可供选择。大家可以购买全新产品，也可以去易趣淘二手。

- **灯光装置**：三四十美元或者再贵一点的灯光装置就足够了。我们不是史蒂文·斯皮尔伯格，用不着那么贵的灯光装置。我们只要保证拍摄效果清晰明亮，没有明显阴影即可。我们必须竭尽所能，展示视频内容。
- **闪光灯**：大家无须购买任何外部闪光设备，但必要的情况下，还是要用闪光灯。现代智能手机都有闪光灯，记得用就行。
- **绿幕**：绿幕的功能非常强大，但前提是大家懂得如何编辑绿幕脚本或者打算聘请专业视频拍摄公司进行编辑。绿幕对主导谷歌首页来说并非必要，就跟 4K 高清、电影和单反脚本一样，只能算是高端华丽、锦上添花，对搜索引擎优化本身并没有决定性作用。绿幕能为用户体验提供"惊喜"元素，但如果内容足够独特新奇、吸引人眼球，那么不用绿幕，我们也能给用户带来惊喜。如果知道如何使用绿幕或者有公司（或个人）可以提供外包服务，绿幕是个不错的选择。不过我个人还是建议先关注内容库，用手机拍摄标准视频即可，然后着手优化视频。先掌握基本技能，看看视频效果，然后再开始绿幕实验或者挑选外包公司也不晚。绿幕的主要目的是打造吸引人的视觉内容，但绿幕并非实现该目的的唯一方法。除了绿幕，我们还有其他方法可以打造刺激的视觉效果和惊艳的艺术内容：
  - 白板动画：这是一种独特的动画风格，引人入胜，抓人眼球，非常适合解释原理。
  - 3D 和 2D 动画：3D 和 2D 动画包含内容很广，从简单的 2D 动态影像到复杂的 3D 电影效果。不管哪种方式，都可以让我们在吸引受众方面如虎添翼。
  - 资料镜头：如果大家想在视频中添加专业视频剪接或图像，又苦于没时间、没资源拍摄专业脚本，那么资料镜头就是个不错的选择。跟自行拍摄内容相比，购买资料镜头更简单高效。此外，网上有大量的在线资源库，资料镜头可谓廉价易得。

其他获取视频的简单资源还有水印（防盗版）、三分之一字幕条、图形叠加、文本叠加。

软件：我们要遵守的原则就是"简单明了"，除非必要，坚决不买。千万不要因为以防万一或者留着备用而买东西。视频搜索引擎优化不需要任何软件，手机就能完成视频拍摄并直接上传到 YouTube。YouTube 视频管理大师 5 分钟之内就能完成视频优化（当然大家必须掌握优化视频的基本原则）。

当然，如果大家有艺术追求或者痴迷特效，也有很多可供选择的视频内容编辑软件。以下是我最喜欢的 5 款相关应用软件：

1. 苹果自带视频软件（iMovie）；

2. 最终剪辑专业版（Final Cut Pro）；

3. Adobe Premier 专业版（Adobe Premier Pro）；

4. Adobe 后期效果（Adobe After Effects）；

5. Adobe Photoshop。

移动设备上也有许多视频编辑软件，例如 Magisto 和 Lumify。更高级的也有，例如最终剪辑专业版的最新版本也有了 iPad 客户端，可供大家随时、随地、随心地剪辑。

再次强调，任何视频编辑软件都不是主导谷歌首页的必要元素。只要视频美观、风格独特、内容相关就能从竞争中脱颖而出，给潜在客户带来惊喜，或令他们大吃一惊。此外，要时刻牢记视频内容越吸引人，人们越愿意分享和引用。

视频搜索引擎：YouTube 并非唯一的视频搜索引擎，市面上还有很多其他的视频搜索引擎。以下是我认为搜索引擎优化价值较高的网站：Vimeo、YouTube、Truveo、Metacate 等。

除视频搜索引擎外，大家还可以使用社交媒体平台和图片搜索引擎上传和优化视频内容，如 Flickr、Pintenest 和 Photobucket。

秘密提示

谷歌大富翁游戏的一个重要环节就是将视频发布到不同视频搜索引擎上，增加视频搜索引擎优化的曝光途径。换句话说，只在 YouTube 上传和优化视频是根本行不通的。我们需要在不同视频引擎上上传视频，但单纯复制内容是不可取的。在传统搜索引擎优化中，复制内容无法为贵公司增加任何搜索引擎优化价值，也无益于提升搜索引擎优化排名，视频内容也是如此。在不同的视频搜索引擎上传相同视频，然后等着排名上升，获得搜索引擎优化价值是不可能的。

当然，也没必要覆盖市面上所有的视频引擎。我建议先选三四个不同的视频搜索引擎，然后坚持优化。在所选的视频平台上建立视频资产数据库，积累优化过的视频内容，随着宣传活动不断成熟，我们可以随时改进宣传策略，提升宣传水平。

计算机／备份硬盘驱动器：计算机的选择主要看个人偏好。没有最适合视频搜索引擎优化的计算机。有人喜欢普通电脑，有人喜欢苹果电脑，有人喜欢 iPad 或者其他平板设备，甚至还有人喜欢在手机上进行视频搜索引擎优化。我个人比较喜欢苹果手机和苹果笔记本电脑。实际上，任何能联网的设备都可以。不过我强烈建议大家购买备份硬盘驱动器备份资料，原因如下：首先，在本地硬盘驱动器存储视频绝非最佳选择，因为资源会迅速累积，拖垮处理器；其次，为了以防万一，备份绝对是个好主意；再次，MP4 和 MOV 格式的视频资源会快速占据大量存储空间，大家肯定不想电脑被视频占满；最后，视频资产具有极高的价值，这是大家独一无二的内容资产，必须好好保护。如果能够妥善存储视频资源，在未来的视频搜索引擎优化项目中，我们就能轻松对其进行二次利用和加工。

资源和设备都有了，是时候开启视频搜索引擎优化了。切记始终坚持以始为终。大家要玩的游戏是谷歌大富翁游戏，不是糖果乐园[①]。在视频搜索引擎优化方面，我们需要提前想好之后的三四步要怎么走。我们需要提前想好用户会在谷歌搜索框中输入什么，然后在视频搜索引擎优化中最大限度地放大这些关键词。想好自己的受众是谁：哪些人会上网向万能的"谷歌大帝"求助？如果我们是寻找产品、服务、公司、音乐和信息等资料的人，会在谷歌搜索框中输入什么呢？这是个非常重要的问题，我们必须提前想好。我建议大家向周围的人（例如家人、朋友、同僚、同事）反复请教这个问题，聆听不同意见。

针对贵公司的业务或者经营的产品，列出一些贵公司认为用户可能会用的关键词或者关键词组。列出完整清单是非常重要的。大部分人从来不会花时间思考用户会利用哪些不同方式找到自己，找到公司，找到产品或服务。列出完整的关键词或关键词组清单后，我们就可以开始制作视频内容了。

在讲述内容细节之前，让我们先看一个案例分解，帮助大家完整理解本书内容。

案例

假设有一名在新泽西州伯灵顿本田经销商工作的汽车销售专员，需要事无巨细

---

① 糖果乐园：一款 mobile 平台出品的探险游戏，有 100 多个关卡需通过。——编者注

地考虑其用户可能在谷歌上搜索的关键词或者关键词组清单。受众是市面上所有想要买车的人，各种车型都算，而消费者原本是否打算购买本田并不重要。实际上，我们的客户应该是市面上寻找与汽车产品相关的所有消费者：新车、二手车、汽车服务、零件、售后产品，甚至是特殊贷款。为什么呢？答案很简单：我们要的是商机。一有机会，我们就应当向客户展示自己的价值和能力，说服客户购买我们的产品与服务。我们需要抓住用户可能搜索的机会，让顾客找到我们！把自己想象成沙滩上的沙子。大家肯定有去海边的经历，刚从海里出来的时候，身上肯定沾的都是沙子，而且回家洗澡之后第二天还有，我们要的就是这种效果！想要完全摆脱沙子简直难如登天，可能得花上好几天时间，这才是我们的公关目的。我们的目标就是成为沙滩上的沙子。我们要做到在谷歌上无孔不入，出现在谷歌的各个角落。不管通过什么渠道，最后找到的都应该是我们。

我希望大家不要放过任何词汇或短语。重点来了：永无止境是大家的努力方向，这样才能真正发挥视频搜索引擎优化的作用。这就是视频搜索引擎优化的独到之处，也是视频搜索引擎优于传统搜索引擎优化的地方。

在传统搜索引擎优化中，网站会受到关键词数量或关键词组数量的限制。如果谷歌认为贵公司有过度搜索引擎优化或者堆砌关键词的嫌疑就会加以惩罚。至于点击付费广告，购买或竞标部分关键词都贵得惊人，碰上竞争异常激烈或者流量超多的特定关键词和关键短语，成本就更高了。视频搜索引擎优化可以让贵公司锁定并拿下全部关键词。因为我们可以为不同关键词制作不同的新视频。因此，不要在同一视频中填充太多关键词。我们完全可以为优化不同关键词制作不同的视频。

至此，大家应该都已经非常明确当前形势：搜索引擎优化策略可用的关键词和关键词组数量颇多，我们应当列出清单并排好顺序。我们手中可能有10个、20个、50个甚至100个备选的关键词或者关键词组。随机制作视频内容可不是好主意，为最重要和最有影响力的关键词定制内容才是重中之重。仍以本田汽车销售员为例。如果我们是想要赚取佣金的本田汽车销售员，那么时间就是金钱。我们肯定不想在无法制造商机或销售额的事务上浪费时间。实际上，我们要的不只是商机，而是一定时间和投资基础上投资回报率最大的商机。多卖车才能多挣钱。因此，我们应当首先考虑本田当下车系中最热门的车型、搜索量最高的车型以及销量最高的车型。多年以来，本田最畅销的车型一直都是本田奥德赛。实际上，多年来本田奥德赛一直蝉联"最佳小型货车"的称号，在二手小型货车市场转售价值也很高。因此，我们首先就应当锁定"2014款本田奥德赛"这一关键词。如果车行位于新泽西，那么"新泽西州2014款本田奥德赛"是很不错的选择。为什么呢？原因很简单。假设用户对2014款本田奥德赛感兴趣或者想要购买，那么他们在做背景调查的时候肯定会搜索上述关键词。还记得此前我与大家分享的案例，人们在搜索特定产品与服务时，尤其是汽车，通常会在搜索时添加地理定位，用于寻找本地商户。大家可以将"2014本田奥德赛新泽西"列在视频搜索引擎优化内容的第一位。如果您还想为视频内容挑选切合的主题，那么征服策略则是最佳的宣传手段。本田奥德赛的头号竞争对手就是丰田塞纳。因此，大家还应当将"2014丰田塞纳新泽西"添加到待制作的视频搜索引擎优化内容列表中。你需要为"拍摄程序表"进行排序。一旦确定了视频搜索引擎优化的全部内容并进行了合理排序，下一步就是内容制作。

内容制作

接下来，我们就要把之前所学融会贯通。假设我们的第一个宣传项目是"新泽西州2014款本田奥德赛"或"新泽西州2014款丰田塞纳"，那我们就要围绕关键词制作吸引人的视频内容。我们的目标是触发视觉/图像识别技术。如果我们是本田汽车销售专员，可能就需要（用手机摄像头）在2014款本田奥德赛车中或者周围拍摄视频。此外，我们还可能需要在本田奥德赛和丰田塞纳两种车型周围拍摄视频。这样，汽车的视频识别元素就有了。还有一种可能是我们手头只有其中一款车，甚至两款都没有。那么我们还可以利用绿幕技术进行视频拍摄，并在后期图像制作中加上汽车。或者我们可以干脆在其中一款车或两款车的宣传画旁边拍摄视频。无论选择哪种方式，我都建议各位在视频拍摄中对相关车型的图像或实车有所涉及，毕竟这才是我们的目标关键词。

下一步就是音频/语音识别了。这一点十分重要，而且与传统搜索引擎优化不同。我们需要真切地在视频中说出目标关键词。但是跟传统搜索引擎优化相似，我们也不可以单纯为获取搜索引擎优化价值就随意乱说关键词。关键词需要在恰当的时机与场合巧妙出现。例如，以下为汽车销售情景中的完美音频：

如果大家打算购买2014款丰田塞纳，千万要三思而后行，反复斟酌。不如看看2014款本田奥德赛，毕竟奥德赛才是小型货车中的翘楚。根据Edmunds.com的测评，本田奥德赛的汽车性能与转售价值都远远超过丰田塞纳。如果您住在新泽西州的伯灵顿及周围地区，我们真诚地邀请您光顾×××本田车行。我是肖恩·V. 布拉德利，电话号码555-1212。有关购车的任何问题，我都乐意为您解答，欢迎来电垂询。此外，我们还能帮您安排试驾，让您亲身感受为何本田奥德赛要优于丰田塞纳。

大家可能会想，这样的话字数是不是有点太多了？大错特错！我用苹果手机的秒表功能记录了阅读这段台词的时间。事实证明，匀速讲完上述词句只用35秒。说话慢一点也没关系，无论多慢45秒也足够了。其实，30~45秒刚好是视频搜索引擎优化宣传视频的最佳时长。重读一次上述台词，大家就能发现这内容确实丰富独到，相关性高。一切尽在这35秒到45秒中。想知道其中潜在的搜索引擎优化价值吗？远超你的想象！

该抢客视频将视觉/图像识别与语音/音频识别同时运用到营销策略中。在该场景中，本田销售专员用手机在2014款本田奥德赛中拍摄了一段视频（过程中可能使用了底座或者支架之类的工具），奥德赛销售专员会对着摄像头说出上述完整台词。让我们重新梳理一下这个过程：

- 宣传目的是主导以下两个关键词中的全部或其中之一的搜索结果首页：
  - 新泽西州2014款本田奥德赛；
  - 新泽西州2014款丰田塞纳。
- 在视频拍摄过程中，我们必须在视频中真切地提到上述关键词，以供语音识别。
- 为了向谷歌证明我们的视频值得提升排名，应当在用户搜索特定关键词或关键短语时登上谷歌首页。这些只是万里长征第一步。视频内容拍摄完成后，下一步就是将其上传到YouTube。

将视频上传至YouTube

YouTube最近刚刚更新了算法，其中一个重要方面就是提高了YouTube频道在单个视频排名中的权重。此前，YouTube 都是基于单个视频资产的搜索引擎优化价值对视频进行衡量与评估的。如今 YouTube 频道对单个视频的整体价值有了更多影响。也就是说，如果我们创建了 YouTube 频道，频道观看量的提升，订阅量的提高，评论的增加，或者频道与频道中的视频获得的分享都越多越好，因为那样频道的可信度就会提升。进一步说，合理利用搜索引擎优化策略来经营频道对频道中的所有视频都大有裨益。频道活跃度越高，相关度越高，对提升频道中单个视频排名就越有利。

正确创建并合理优化 YouTube 频道

- **统一资源定位符**。同主站和门户网站一样，统一资源定位符对 YouTube 频道也非常重要。如果我们是本田汽车销售专员，那么 YouTube 频道绝对不能以个人姓名命名，例如 www.youtube.com/seanvbradley，相反 www.youtube.com/hondadealermarltonnj 指向的 YouTube 频道才更有可能让贵公司在谷歌上占据一席之地。"seanvbradley"这种域名没有任何搜索引擎优化价值，而"hondadealermarltonnj"却包含了丰富的地理定位搜索引擎优化价值。试想一下，如果用户搜索"新泽西州马尔顿的本田经销商"，那么域名为 www.youtube.com/seanvbradley 的 YouTube 频道几乎完全不能主导谷歌。而如果是 www.youtube .com/hondadealermarltonnj 这样实际有效的域名，那登上谷歌首页的概率将大大增加。因此，正如之前提到的，不光单个视频能够登上谷歌首页，优化得当的话，YouTube 频道也能主导谷歌首页。
- **频道描述**。同传统网站一样，元描述部分对搜索引擎优化十分重要。如果我们是想为 YouTube 频道撰写描述的本田汽车销售专员，突出频道主旨是为新泽西州伯灵顿及周围地区本田汽车爱好者服务，内容包含本田新车、二手车、其他品牌二手车、租车、贷款及其他购车提示信息。
- **制作视频预告片（视频简介）**。为 YouTube 频道整体视频搜索引擎优化策略制作视频"预告片"或视频简介。视频预告片要完整体现所有目标关键词。
- **频道创建艺术**。为 YouTube 频道创建图片标题或横幅标题。标题务必说清频道名称和频道主旨。其实这一点一直比较有争议。因为频道优化与传统搜索引擎优化不同，我们无法为频道艺术创建"alt 标签"。但是，我坚信搜索引擎肯定有像素和图片识别软件，所以不论使用何种搜索引擎优化媒介，我都坚持同样的习惯。

图 5-3 为 YouTube 频道页面的分解图，高亮部分为之前讨论过的内容。

图 5-3　YouTube 频道页面的关键部分

注：注意封面照片和视频简介，尤其是标题、反向链接和描述。

　　YouTube 会提供完整的频道创建清单。简要浏览一下可用的工具与资源，务必确保每个都物尽其用，毕竟存在即合理。细节、描述和统一资源定位符是最重要的，因为搜索引擎可以阅读、查看这些资源并将其与内容相关性和内容一致性联系起来。

　　假设大家已经完成了正确设置 YouTube 频道这一步骤，下一步就是视频上传了。大家既可以用手机，也可以用笔记本或者台式机上传，所有方法都不麻烦。使用何种平台上传视频搜索引擎优化宣传片都没关系，但在要用"YouTube 视频管理大师"优化视频的时候，我还是比较喜欢用笔记本电脑或者台式机，因为手机操作太不方便了。

　　以下为 YouTube 视频搜索优化策略清单。

基本设置

- 根文件；
- 标题；
- 描述文本内容、关键词密度、反向链接、终点地图；
- 元标签/关键词。

高级设置

- 分类；
- 视频位置；
- 录制日期；
- 副标题/隐藏字幕。

根文件

往 YouTube 或其他视频搜索引擎上传视频的时候，源文件可能是 IMG_6760.MOV（或者 .MP4）。如果上传不加修饰的视频，就没有任何搜索引擎优化价值。因此，只需简单处理，对根文件，即未经处理的文件重命名即可，务必使用搜索引擎优化的目标关键词。再次回到本章的案例。拍摄完"2014 款本田奥德赛比丰田塞纳更好（新泽西州）"的宣传视频脚本后，视频根文件可能是这样命名的"IMG_6760.MOV"。我们需要对文件进行重命名，赋予其搜索引擎优化相关性。以下为根文件命名格式参考（文件类型可能略有差异，拓展名也可能是 .MP4 或者 .WAV）：

2014_Honda_Odyssey_Better_Than_Toyota_Sienna_NJ.MOV

提示：在对原始文件进行重命名的时候记得使用"MOV"。

这样做的意义在于实现关键词与内容的一致性和相关性。这样搜索引擎才能了解视频内容："2014 款本田奥德赛""丰田塞纳"和"新泽西州"，以及"本田比丰田好"。宣传计划的每个细节都不仅进一步证实了视频内容指向，还再次向谷歌证明了为什么应该在首页非付费区域为贵公司保留席位并突出显示。

我们必须不停重复自己，反复告诉谷歌，视频内容是关于"2014 款本田奥德赛比丰田塞纳更好（新泽西州）"的。谷歌给的每一次机会都要好好抓住并充分利用。重命名根文件也是一次绝佳的机会，所以一定要将其命名为目标关键词。

有一点需要说明：用目标关键词命名根文件本身并非十分重要，不过为了赢得谷歌大富翁游戏，我们必须运用协同增效策略，因为整体宣传效果受整体策略协同性与一致性的影响。本质上来说就是关注细节，我们需要特别细致、特别准确。我们得在不同地点和场合反复告诉谷歌我们的视频内容名副其实，务必确保谷歌买账。俗话说"干什么就得吆喝什么"，谷歌也是这么想的。图5-4为YouTube视频页面的分解图以及视频页面在用户眼中的样子。

图5-4　YouTube视频的主要内容

注：包括视频播放器和视频细节、描述、反向链接和关键词。

视频标题

标题必须概念清晰又不过分，这一点非常重要。如果贵公司经营范围仅限于本地或者目标市场是本地社区，那么我强烈建议你使用地理定位。仍以本田汽车销售专员为例，如果车行位于新泽西州伯灵顿，那么贵公司就应该瞄准"伯灵顿"或者"新泽西州"。如果车行位于新泽西州马尔顿，那么就可以瞄准"马尔顿""新泽西州"和"新州"。还有一个策略就是瞄准贵公司的订单市场，例如某一镇子、某一城市或者某一州，而非公司实际地址。例如，某一位于新泽西州马尔顿的车行目标市场是新泽西州樱桃山。其实，这确实是个不错的主意。因为樱桃山地方更大、更重要，距离马尔顿也只有 5 分钟车程。住在马尔顿的人很有可能搜索位于樱桃山的本田车行。为什么呢？原因很简单：他们知道樱桃山有很多汽车经销商或者他们觉得在樱桃山这样的大镇子选择多，价格可能更有优势。

标题中不要放置太多地理定位。我明白大家都想随时出现在所有客户的搜索目的地中，即使有的地方并不近，或者处于可服务地区的临近区域。但在单个标题中填充太多地理位置着实没有必要。要记得，视频搜索引擎优化的最大优点就是我们可以拥有很多视频。如果我们是新泽西州马尔顿的本田汽车销售顾问，那么我们可能希望向马尔顿、樱桃山、伯灵顿和费城等地区有购车需求的人销售汽车，包括新车、二手车、贷款购车。

与其在单个视频中过度填充不同的城镇和地点，不如再制作一些视频。我们应该为每个地理定位打造专属视频搜索引擎优化策略，以吸引流量和潜在客户。千万不要分散注意力，每个视频只专注一个策略。

不要稀释标题的搜索引擎优化潜力

在 YouTube 视频标题中，我们可以使用约 85 个字符，我的建议是仍保持在 65 个字符以内。跟传统搜索引擎优化的网站标题标签一样，只有特定数量的字符才能正确显示。正常展示视频标题的黄金位置只有 65 个字符左右。描述视频内容的位置有限，我们必须惜字如金。绝对不要让关键词在谷歌算法相关性中苦苦挣扎。

以下是错误标题示范：

新泽西州梅德福、樱桃山、雷德班克（Red Bank）、基波特（Keyport）、卡姆登（Camden）、2014款本田

上述标题虽然刚好65个字符，但是搜索引擎优化价值并不高。

以下为正确的标题示范：

新泽西州梅德福2014款本田雅阁的不二之选，质优价廉——邮编08055

第二个视频标题更为清晰。标题只有一个地理定位，即新泽西州梅德福。将搜索引擎价值分散到多个不同的地理定位关键词绝非我们的初衷，每个视频只能有一个主题。在单个视频标题中填充太多地理位置绝非明智之举。

第二个视频标题之所以正确还有另外一个原因，即该标题写得更像广告文案，而非随意堆砌在谷歌上滥竽充数的关键词。跟传统搜索引擎优化与网站标题标签一样，搜索引擎优化并非标题的唯一目的。视频标题也有自己的命名规则，吸引和引导观众点击播放按钮。让潜在客户观看视频才是王道！

上述两个标题哪个更能引人观看呢？当然是第二个。如果我们想要租赁或购买2014款本田雅阁，并在谷歌搜索框中输入了"（新泽西州）马尔顿2014款本田雅阁"，结果谷歌首页甚至首页第一条结果出现了带有以下标题的视频，我们会怎么想？

新泽西州梅德福2014款本田雅阁的不二之选，质优价廉——邮编08055。

我们可能会想："天啊，'谷歌大帝'再次猜中了我的心意，这正是我苦寻多时的答案，我就是想买质优价廉的最佳款式，感谢'谷歌大帝'！"

有关标题标签的最后一条意见：标题中不要带有相互冲突或冗余无关的关键词，否则会稀释搜索引擎相关性。也就是说，视频标题中不仅不能带有多个地理位置，主题也不能太多。例如，我们不能在单个标题中列出太多汽车种类：

2014款本田雅阁、思域、奥德赛，不是丰田凯美瑞、卡罗拉和塞纳。

正如之前所说，我们不能稀释搜索引擎优化机会，不能太过分散关键词注意力，

措辞还得有模有样。上面这种标题一看就是没有受过专业训练的人随意将关键词堆砌在标题里，妄想用户在 YouTube 搜索相应关键词的时候自己的商品会跳出（当然了，这肯定不管用）。

凡事总有例外

对比视频和征服视频不适用于上述规则。如果我们是本田销售专员或者经销商，却想拉拢丰田的潜在用户或消费者，我们完全可以对比本田和丰田。

如果我们是本田销售专员，想让公司视频同时出现在本田奥德赛消费者和丰田塞纳消费者的眼前，那么我们就应当制作一个宣传视频，解释为何本田奥德赛在各方面都优于丰田塞纳。我们需要先行制作相关视频内容，充分利用语音和像素识别策略，使用以下标题命名视频，提升视频搜索引擎优化价值：

2014 款本田奥德赛比丰田塞纳更好——新泽西州马尔顿

这个命名例外，但是它有自己的道理。这并不是在堆砌或者填充关键词，标题中含有有价值的内容。很多人会在谷歌搜索引擎上搜索："哪个小型货车比较好，本田奥德赛还是丰田塞纳？"在谷歌上搜索这个问题会看到 80.1 万个结果。谷歌首页上充斥着 Edmunds.com、autotrader.com、美国新闻、凯利蓝皮书、NewCars.com、Cars.com、消费者报告和汽车族（Motor Trend）之类的网站。这些都是汽车领域的大型权威网站，每月独立访客都高达数百万，有的甚至能达到上千万。上述网站都会对比本田奥德赛和丰田塞纳，包括参数、细节、款式、油耗、安全系数、性能、客户评价等各项指标。这些网站的作用就是为消费者和潜在消费者提供最新信息，帮助消费者做出明智选择。

除了上述测评，大家猜搜索引擎结果首页还有什么内容？我制作的视频搜索引擎优化广告：2014 款本田奥德赛比丰田塞纳更好。图 5-5 为视频在谷歌搜索页面的展现形式与所处位置。

我想让宣传视频出现在谷歌首页非付费结果区域。因此，我就要猜测人们在做出购买决策之前会询问或者思考什么问题。市面上最流行的小型货车就是本田奥德赛和丰田塞纳，很多用户都想知道这两款车究竟哪个更好。我很自然地猜出人们可

图 5-5　YouTube 征服视频出现在谷歌搜索结果首页的情景

注：列表包括标题、缩略图、竞争品牌与被搜索品牌在结果中混杂在一起的描述。

能会向全知全能的"谷歌大帝"咨询这个问题。因此，拍摄相应视频，进行搜索引擎优化，赋予其视频搜索引擎价值，就显得合情合理了。正如本书刚才所讲，效果会远超想象。虽然对手都是大型汽车信息网站与汽车资源网站，月独立访问量超千万，我的视频却在近百万个结果中脱颖而出。因为我的视频是谷歌首页上唯一有缩略图的视频，也是唯一一个有缩略图的链接。标题为：2014 款本田奥德赛比丰田塞纳更好。

第 5 章
视频与视频搜索引擎优化

再重复一次：潜在用户在万能的谷歌上输入："哪个小型货车比较好，本田奥德赛还是丰田塞纳？"然后全知全能的"谷歌大帝"用带有下述标题的视频回答了问题：2014 款本田奥德赛比丰田塞纳更好。

点击进入后，我们会发现该视频在写作本书的时候已经有了 69.1 万次浏览量，而且这个数字还在不断上升。这对位于俄亥俄州哥伦布的汽车经销商来说已经算是很高的浏览量了。这就是视频搜索引擎优化的神奇力量。

我们要确保视频描述风格独特、引人入胜，与视频紧密相关。现在仍有很多人不往视频里添加任何描述，甚至在不同视频中复制粘贴简单蹩脚的描述，简直不可思议。

视频描述与传统搜索引擎优化的网站元描述类似，也需要遵守相同的规则。为视频撰写独特详细的解释是最重要的。

在视频描述中，我建议大家将联系方式放在第一行，例如：http：//www.seanvbradley.com 267-319-6776。

将网站或社交媒体链接放在描述中非常重要，一定要在"www."前面添加"http：//"，不然网站地址就没有超链接。大家都只有一个网站地址，所以链接不会跳转到其他地方。制作超链接非常重要。很多人都会在移动设备上用谷歌搜索观看视频。如果用户在谷歌上搜索信息时，贵公司视频搜索引擎优化宣传链接出现在了谷歌首页，用户刚好点击视频观看了贵公司或者贵公司的产品与服务，这时只需点击视频链接就能跳转到贵公司网站。这就是节点链路（site link）。

此外，务必将电话号码放在网站或者社交媒体超链接的旁边。大部分互联网用户喜欢拨打电话而不是发邮件。

Autotrader.com 称 90% 的互联网用户喜欢电话沟通而不是邮件沟通。因此，我们一定要为潜在用户提供电话号码。很多用户都会使用移动终端进行谷歌搜索。在视频搜索引擎优化中，"点击号码拨打电话"的功能非常实用。假设用户使用苹果或者安卓手机在谷歌上搜索信息，找到了贵公司视频。这样他们就能知道贵公司的电话号码（如果贵公司在视频描述部分提供了正确联系方式），并点击拨号。

YouTube 描述占地并不大，描述中大约有 4 行（或者排）能够被看见，后面的所有内容都会被隐藏起来。观看视频的用户必须点击"点此观看更多"按钮才能看到全部描述。那么问题就来了：如果大家将联系方式放在描述底部，用户就有可能根本看不到位于下面的"点此观看更多"按钮，从而导致无法看到贵公司的联系方式。或者有的用户知道这里可以点击，但也没什么特别兴趣，因此也不想点击查看额外信息。所以，我建议大家就当"点此观看更多"按钮不存在，将最重要的信息放在描述中靠前的部位。其中，最最重要的信息就是贵公司联系方式，尤其是网址（带超链接）和电话号码。

再次回到本章案例，假设我们是本田汽车销售专员，正准备制定视频搜索引擎优化方案。我们的目标是让视频出现在"2014 款本田奥德赛"和"2014 款丰田塞纳"这两个关键词的搜索结果首页。首先我们要确保相关视频脚本应用了语音识别与视觉识别策略，即我们需要亲口说出这些关键词："2014 款本田奥德赛"或者"丰田塞纳"。除了亲口说出关键词，我们还需在汽车内部或周围拍摄丰田视频元素或本田视频元素，在视频中展示两车的图片与标识，或者利用绿幕效果与后期效果在后期编辑中加上类似内容。视频内容创作完成后，下一步就是对视频进行正确命名，再就是撰写描述。在描述中，我们需要阐明视频内容的细节。与传统元描述一样，我们需要确保描述的目标关键词一致性，目标关键词就是视频内容、标题和描述中使用的关键词。具体到该案例就是我们需要在描述中提到"2014""本田奥德赛""丰田""塞纳""更好"和"新泽西"这几个关键词。此外，我们不能在描述中随意使用关键词并奢望博得谷歌欢心。我们必须撰写风格独特、功能实用、有趣的、相关的文本内容。

具体来说，如果我们是本田汽车销售专员，我们肯定想从直接竞争对手（丰田塞纳）那里拉拢想要买车或租车的人，改变他们的心意，变为自己的客户！因此，我们制作了视频，宣传本田奥德赛比丰田塞纳好。在视频描述中，我们要尽可能细化真正的原因，说服潜在客户本田确实比丰田好。诚然，丰田在一些方面可能优于本田，但我们绝对不能提。关键是合理利用关键词保持关键词一致性，我们需要用内容证明视频内容和视频标题：2014款本田奥德赛比丰田塞纳好，新泽西州马尔顿。

以下为正确视频描述示范：

http：//www.hondamarlton.com - 856-418-4285

如果您正在本田奥德赛和丰田塞纳之间犹豫，请务必拨打电话联系我。我很乐意为您讲解这两款车型的所有细节，帮您做出明智之选。

诸多第三方权威网站都对这两种小型货车进行了测评分享，可供消费者参考。相信您可以明显地看出，2014款本田奥德赛绝对是最好的小型货车。

《凯利蓝皮书》就对比了2014款本田奥德赛与丰田塞纳。

http：//tinyurl.com/7rze4cx（KelleyBlueBook.com）

欲知2014本田奥德赛的详细评价，请参阅Edmunds.com评价，该网站认为本田奥德赛是市面上最好的小型货车之一。

http：//tinyurl.com/m26ok4s（Edmunds.com）

如果您住在新泽西州马尔顿或者新泽西州的任何地方，我都可以帮您选到心仪爱车。

http：//tinyurl.com/lrkofuy（Google Maps）

大家肯定在想描述中填充上述内容未免有些太多了。实际上，缩短一些也完全没问题。不过本书的主要功能是教学，这样写的目的是为各位读者做出详细示范。按照YouTube规定，描述中最多可以使用800个单词，所以上述描述完全符合YouTube的规定。

本案例主要展示了正确的视频描述的以下方面。

- 必须撰写独特的内容。千万不要复制粘贴其他宣传视频、在线内容甚至是别家的视频内容。谷歌的嫉妒心可是很强的，只喜欢独一无二的内容。
- 确保联系方式位于描述的第一行。
- 记得在统一资源定位符之前加上"http：//"。
- 最好在联系方式中添加电话号码。

- 确保视频描述既相关又实用。要知道描述是给人看的，而不是搜索引擎。务必做到内容有趣，尽量接近广告文案。
- 确保文本内容的关键词一致。如果视频内容和标题本身都是关于 2014 款本田奥德赛和丰田塞纳的，应当保证这些关键词贯穿描述始终，但又不是充斥全部文本。
- 确保重要部分的关键词一致。关键词并不是存在就行，随意使用关键词没有任何意义。在上述案例中，关键词只在绝对恰当的情境中发挥作用。
- 在描述中添加外部链接，但也不能太过随意。正确链接应当是与权威网站相连的，而权威网站又必须与视频宣传具有相关性和一致性。具体如下。
  - 上述描述中添加的第一个链接是 www.KelleyBlueBook.com。凯利蓝皮书是汽车销售行业中最受尊重的第三方网站。该网站是吸引客户的可靠信息来源，颇受用户爱戴，每月独立访问量都高达几千万。嵌入权威网站链接已属明智之举，但更妙的地方在于链接并非通往 KBB.com，而是直通对比 2014 款本田奥德赛与 2014 款丰田塞纳的网页。归纳一下：谷歌可以阅读、查看并倾听整个视频宣传。谷歌还会仔细查看与聆听视频内容，阅读视频标题、视频描述以及通往 KBB.com 的链接。谷歌认为将流量引到与视频主题相关的大型网站是正确可信的。谷歌知道 KBB.com 是汽车和消费者资源行业的权威网站。谷歌能够读懂链接的目的地（链接指向的另一端）：原来这是有关车辆评价的大型国际权威网站，页面专门对比了 2014 款丰田塞纳和 2014 款本田奥德赛这两种不同的小型货车，并确定了哪一款更好。随后，谷歌将真正的视频内容、标题、描述和链接这些信息拼凑起来。然后谷歌肯定会说（并非字面意义上的说）："哇哦！这个视频肯定是关于'2014 款本田奥德赛和丰田塞纳'的。"毕竟所有信息都指向了同一主题。
- 描述中的多个链接都是为了向谷歌证明视频与描述相同。第二个链接指向 edmunds.com。该网站是汽车研究领域消费者资源的绝对霸主。该链接没有指向 edmunds.com 中对比 2014 款本田奥德赛与丰田塞纳的页面，而是指向单独描述 2014 款本田奥德赛的网页，详述该款车型的特点与优点。
- 第三个链接是我的秘密法宝，即谷歌地图链接以确认地理定位。换句话说，我们的目标是新泽西州马尔顿，用户在谷歌上输入马尔顿或者新泽西州（或者新州）的时候，我们肯定能够出现在谷歌首页。进入谷歌地图，输入车行在新泽西州马尔顿的地址即可创建谷歌地址，或者直接输入"新泽西州马尔顿"也可以在谷歌地图上创建地理定位点。实际上，谷歌地图就是特定位置的经纬度。然后将真正的谷歌地图页面转换成超文本链接编码或者链接即可。这跟链接到 KBB.com 和 Edmunds.com 是一样的道理，不过上述链接强调的是 2014 款丰田塞纳和本田奥德赛。创建带有新泽西州马尔顿地址的谷歌地图链接则是为了告诉谷歌，视频与新泽西州马尔顿也密切相关、高度一致。我们通过谷歌地图将链接与谷歌本身联系在了一起！

> **秘密提示**
>
> 通过描述，大家可以看出视频中嵌入的链接是这样的：http：//tinyurl.com/lrkofuy。这个链接看上去没有什么特殊之处，但其实它是简易统一资源定位符，目的是更好地适配 YouTube 描述或者推特推文。
>
> 其实"http：//tinyurl.com/lrkofuy"的真实长度会令你震惊：https：//www.google.com/maps/dir/marlton+new+jersey/ marlton，+nj/@39.8912197，-74.9561652，13z/data=!3m1!4b1!4m13!4m12!1m5!1m1!1s0x89c133b2ba79d77b：0x91dfe942d6db646!2m2!1d74.9218324!2d39.8912248!1m5!1m1!1s0x89c133b2ba79d77b：0x91dfe942d6db646!2m2!1d-74.9218324!2d39.8912248?hl=en
>
> 这才是链接的真正统一资源定位符。如果没有上述简化工具，我们只能将上面一长串统一资源定位符从地址栏里剪切出来，粘贴到网站、博客、社交媒体及其他地方。
>
> www.tinyurl.com 功能十分强大，而且完全免费，能够简化所有统一资源定位符。TinyUrl.com 将长达 276 个字符的统一资源定位符缩短到了仅有 26 个字符。大家还在等什么，这么优质的资源一定要物尽其用！

无标签 / 关键词

视频的关键词 / 元标签部分跟传统引擎优化非常相似。我们必须保证元标签 / 关键词的一致性，就像保持视频内容、标签和描述的一致性一样。视频中使用的关键词 / 元标签要与整个视频搜索引擎优化中使用的关键词保持一致。例如，视频重点是"2014 款本田奥德赛比丰田塞纳好，新泽西"，那么标题和描述就要始终贯穿主题，YouTube 视频中的关键词 / 元标签部分也是如此。

我建议大家使用 8 至 10 个元标签或关键词。每个元标签最多 120 个字符。因此，关键词短语、问题或简单的单个关键词都可以使用。

如果我们是本田汽车销售专员，视频搜索引擎优化宣传策略是"2014款本田奥德赛比丰田塞纳更好，新泽西"，以下为备选关键词推荐清单：2014、本田奥德赛、丰田塞纳、更好、车评、不同车评、新泽西州、新州、小型货车、新的。

始终牢记所有行为都是为了不断向谷歌证明视频与描述相符。为了实现这一目标，我们就得关注细节，小心翼翼。

高级设置

分类部分

这个部分非常简单，不言自明。YouTube只为用户提供了15个可选的种类：汽车、喜剧、教育、娱乐、电影与动画、游戏、教程与美容、音乐、新闻与政治、公益与运动、人物与博客、宠物与动物、科学与技术、体育、旅行与事件。所选分类要兼顾符合主题与个人偏好。

有关分类的小提示：我们应当在视频标题、描述以及关键词部分使用分类名称中的关键词。仍以之前的视频为例，"2014款本田奥德赛比丰田塞纳好"应当选择"汽车"这一视频分类。我们可以在描述和关键词部分添加汽车、不同汽车、机动车、不同机动车或者上述所有词汇。这一选择并非必须，但可以使整体宣传更加符合情理。

视频地址

YouTube允许用户注册视频位置，只需输入城镇、城市、州和国家，然后点击"搜索"，我们就能在地图上搜到精确的经纬度。点击"保存"，我们就成功标注出了你的视频在YouTube全球地图上的位置。定位的好处有很多，因此绝大部分视频（即使不是全部视频）都应该有地理定位。这是向YouTube证明视频名副其实的另一方法。想象一下，假设视频标题是"2014款本田奥德赛比丰田塞纳更好，新泽西"，我们就应该进入YouTube视频地址功能，将视频位置标记为新泽西州马尔顿。

副标题和隐藏字幕

副标题和隐藏字幕是服务听力障碍用户的，就跟网页"alt 标签"服务视力障碍用户是一样的道理。同"alt 标签"一样，副标题和隐藏字幕文本都可以被谷歌识别，为贵公司提供额外的搜索引擎优化机会。

撰写副标题和隐藏字幕的最佳方式就是同步字幕。同步字幕简单易行，只包含视频所说内容，而且无须编写代码。

同步字幕最重要的环节在于"自动时间轴匹配"。YouTube 的语音（音频）识别软件能够自动将视频中的声音与字幕匹配起来。

合理的同步字幕主要有以下两种方法。

1. 直接将文本输入到 YouTube。
   我们可以在 YouTube 视频管理大师软件中对视频进行编辑。视频正上方就有"副标题和隐藏字幕"选项，点击即可。我们可以通过该功能直接将匹配字幕输入到文本框中。
2. 上传匹配字幕。
   制作视频字幕。打开"word"文档，输入视频中音频的文本即可。务必确保文本文档简单平实。过程中可能需要转换格式，视编辑文档的软件程序而定。

注释

注释能够促进视频与观看人员之间的互动，延长用户观看视频内容的时间。注释是覆盖在视频之上的可点击文本。使用注释有多种方法，我们应当充分利用，最大限度地笼络受众。

为了更好地提升用户的视频观看体验，本书推荐下列视频注释方法：

- 引导观众观看其他（相关）视频：如续篇或前传；
- 引导观众观看相关的视频合集；

- 引导观众前往贵公司社交媒体平台：Facebook、Twitter、Instagram、谷歌+、领英、Flickr、Pintenest；
- 引导观众前往贵公司主站；
- 引导观众前往购物车或电子商务网站；
- 引导观众前往特定主题网站（工作坊、演唱会、演讲等）：www.eventbrite.com；
- 根据视频讨论内容，将观众引导到主站的产品服务页面；
- 添加行为召唤（calls to actions，CATs）：
  - 订阅该频道；
  - 评论视频；
  - 给视频"点赞"；
  - 分享视频至Facebook、Twitter、领英、谷歌+、网站、博客等社交媒体平台。

影响视频搜索引擎优化策略成败的因素有很多。首要因素即传统搜索引擎策略中的元素：

- 视频内容；
- 根文件；
- 标题；
- 描述：
  - 文本内容；
  - 关键词密度和关键词一致性；
  - 关键词相关性；
  - 链接；
- 元标签/关键词；
- 分类；
- 位置；
- 字幕、隐藏字幕和同步字幕；
- 视频缩略图：
  - 务必要为视频选择或定制漂亮的缩略图。

这些因素只占视频搜索引擎优化策略的25%。YouTube对视频进行排名的时候还会关注以下三个重要因素。

1. 信任和权威：正如之前提到的，我们不仅要关注单个视频的排名，还要关注整个视频频道的价值。

2. 正确的频道设置：

- 合理优化频道；
- 在打造频道的时候充分利用所有的 YouTube 资源；
- 选择正确的 YouTube 域名；
- 选择恰当的频道艺术。

3. 受关注程度：吸引订阅者、整体频道点赞、观看、分享和评论越多越好。

频道产生的价值和公信力能让频道中的所有视频受益。此前，我有多个 YouTube 频道。实际上，现在只剩七八个了，总共包含数千个视频。有些频道虽已存在多年，但许久没有更新过了。在过去的几年中，我只专注于个人 YouTube 主频道 www.youtube.com/SeanVBradleyTV。截至 2014 年 8 月，频道运营状况如下：

- 1 045 592 次浏览量；
- 3280 个订阅者；
- 2408 个视频。

这些都是 100% 的非付费结果。我没有在视频、视频推广和流量吸引上花一分钱。虽然我并没有为运营频道付费，但频道内容丰富，订阅量、浏览量和评论量都很多，所以 YouTube 认为我的频道是业内权威，值得尊重。因此，从该频道发布出的所有视频都能获得 YouTube 的额外奖励。

观众行为与反应

YouTube 想要提供用户需要的信息，即独特优质、高度相关、影响力强的视频内容。观众参与度与观众对视频的反馈是 YouTube 判断视频质量与排名的关键指标。例如，某视频上传之后，观众看了几秒就关掉了，那么很明显该视频不符合优秀视频的标准。如果类似情况反复发生，即很多观众都是看不了几秒就关掉，那么 YouTube 就会雪藏该视频。负面评价多、差评多的视频也会受到上述待遇。这就是特定功能存在的原因——供 YouTube 对平台视频的内容价值进行量化评价。如果视频拥趸众多，就能得到 YouTube 的认可。

YouTube 认为拥有正面评价、播放列表添加、点赞、收藏和视频反馈的视频才是有用的、相关的重要视频，需要提升排名。

分享和建议

分享、发布、链接、嵌入和推荐贵公司视频，也会提升搜索引擎优化排名。如果是YouTube和谷歌认可的权威网站与个人做出上述行为，那效果就更好了。

见证视频搜索引擎优化奇迹的时刻到了。

在谷歌上搜索"2014款本田奥德赛，新泽西"，我们会发现在12万个结果中，首页上有两个视频，而且是非付费搜索结果的前两名。新泽西州马尔顿本田汽车销售专员的两个视频出现在了谷歌首页。他们的视频宣传优化做得极为成功，甚至在没有输入对应城镇的时候都能显示相关结果。在搜索新泽西州全州汽车的情况下，这两个视频在谷歌首页得到了突出显示。进一步说，这通常都是资产几百万美元的汽车经销商才能拥有的殊荣，对一线销售人员来说，拥有这样的在线曝光度和数字营销资源确实难能可贵。更了不起的是这些视频都是通过手机拍摄上传到YouTube的，还进行了搜索引擎优化，整个过程完全免费。美国汽车经销商每个月在广告方面的花费平均高达6万美元，即使这样他们也无法位列首席。普通的一线销售人员何德何能，竟能在完全免费的情况下获得极具影响力的宣传效果。

不仅如此，看看整个页面，在110多万个结果中，小小的汽车销售专员竟能在非付费搜索结果区域出现两次。这名销售人员供职于燃烧吧本田（Burns Honda），而这家公司竟然没有出现在非付费搜索结果中，简直令人难以置信！

如果这还不能真正显示视频搜索引擎优化策略的营销功能，那么请再搜索另外一个关键词"2014款丰田塞纳，新泽西"，这可是本田奥德赛的直接对手车型，让我们拭目以待（请看图5-6）。

在453 000个结果中，谷歌非付费搜索结果前两名仍是本田销售员，还是同样的视频！更令人震惊的是本田汽车销售员只卖本田，但他们的视频仍能在"2014款丰田塞纳，新泽西"中名列前茅。作为唯一出现在首页的本田经销商，他们的页面上根本没有丰田车。

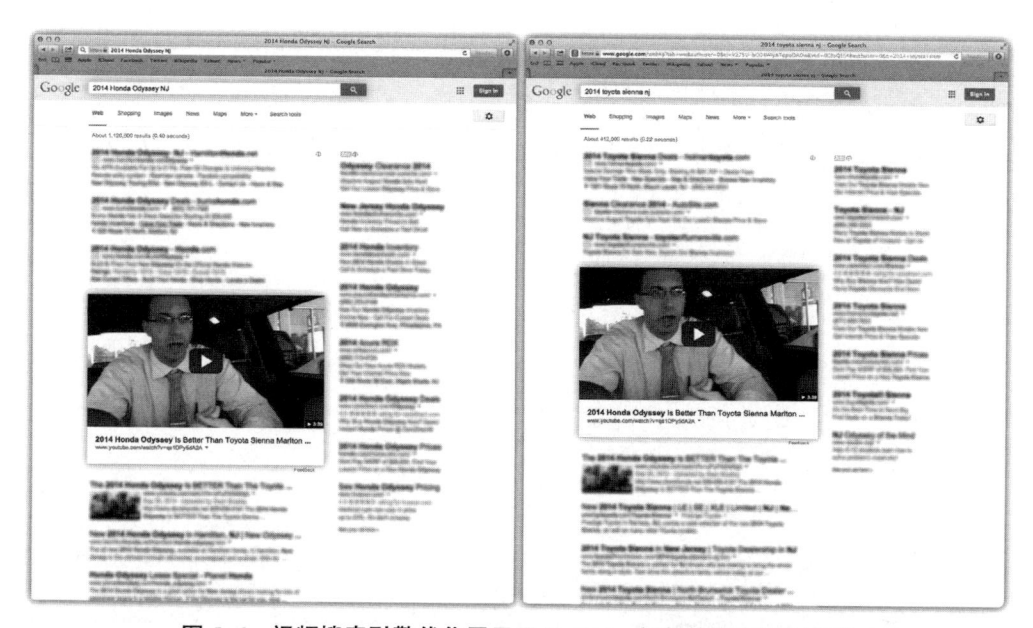

图 5-6　视频搜索引擎优化展示了 YouTube 视频的突出展示程度

注：经过合理优化后，不管用户搜索什么关键词，我们都能锁定对手，主导谷歌首页。

这是我专门为本田汽车销售专员定制的高级策略。本田应当愿意付出一小笔费用来实现该策略，这也是新泽西州每一个本田汽车经销商都想实现的策略。所有丰田经销商也都应该具备这样的搜索引擎优化能力，但是正如案例所示，他们没有。再想想本田经销商，竟然在苹果手机上不花一分钱就完成了所有的视频优化和视频主导。

同步上传与补充上传

有了视频搜索引擎优化策略、代办事项、具体时间的清单，以及最重要的实施方法，现在大家完全有能力制定自己的视频搜索引擎优化策略。但如何才能保证策略正常运转呢？如何才能在谷歌长盛不衰呢？很简单：使用联合视频搜索引擎优化策略。这意味着我们要在不同视频搜索引擎上创建多个账号。

是的，与创建 YouTube 频道一样，我们还应该在其他搜索引擎平台上创建视频频道（社交媒体平台也在考虑范围之内）。我们需要花时间在不同平台上正确地创建视频频道。只有方法得当，完整创建统一资源定位符、标题、描述和内容等要素，我们才能将潜在搜索引擎优化最大化。

在其他视频搜索引擎平台完成视频搜索引擎优化后，就该往平台上传视频了。参见以下建议。

- 条件允许的情况下，请全部使用独特的脚本。
- 如果没有独特脚本，也要通过添加"保险杠"增加视频的独特性，保险杠是指不同的"开头"和"结尾"。
- 我们可以将部分视频内容作为"辅助镜头"或者运行脚本，并在其中添加新脚本。
- 我们可以购买资料镜头添加到视频内容，令其变得新奇独特。
- 我们可以改变图形和编辑以保证视频的独特性。
- 务必确保使用不同的缩略图。
- 确保经过优化后视频有独特的标题、描述、内容、链接、关键词、地理定位和文稿。

另一种同步是社交媒体同步。大部分视频搜索引擎可以与社交媒体关联，尤其是我们可以将 YouTube 频道等视频搜索引擎与其他账户（如 Facebook、谷歌+、领英等）联系起来。

如果各位在创建视频频道时能花些时间，将所有社交媒体都与视频搜索引擎联系起来，那么视频上传完成后就很容易能被"推送"到所有社交媒体平台，甚至无须登录。我们可以直接从视频搜索引擎推送相关视频。

这一点很重要，从某种程度来说，YouTube 和谷歌都会根据浏览量、点赞量、评论量和分享数决定视频排名。因此，在社交网络同步或推送视频就像给视频打肾上腺素一样。在社交网络看到视频的人们不仅能够看视频，还能将其曝光在网络上，随后视频就可能像"病毒"一样扩散。

如果我们在谷歌上搜索"2014 **款本田山脊线（ridgeline）租赁坦帕（Tampa）**"，我们可以看到谷歌大富翁游戏策略火力全开的场景。

在 686 000 个结果中，布兰登的本田经销商在非付费搜索结果中出现了 4 次，在点击付费广告中排名第一。谷歌首页上有两个视频：一个是 YouTube 视频，另一个是日常活动的视频。这就是关键！如果贵公司只把视频上传到一个视频搜索引擎，例如 YouTube，那么就大大限制了登上谷歌首页的机会和赢得谷歌大富翁游戏的机会！此外，网上还有 5 个第三方线索来源供应商网站，其中一个是知名汽车交易平台 Auto Trader，还有一个是 TrueCar，它们都是市值数十亿美元的公司。它们以高价向经销商出售线索，赚取佣金。因此，布兰登本田的重要位置不仅给自己提供了首要市场的高度曝光，还彻底摧毁了竞争对手。其中，竞争既包含其他汽车经销商，还包括第三方线索资源供应商。

在本次搜索中，谷歌首页上共有 21 个位置，包括非付费搜索引擎结果和付费搜索引擎结果。单个汽车经销商竟然能在谷歌首页的 21 个位置中占据 5 个席位，堪称营销神话。这个案例集中体现了赢得谷歌大富翁游戏的真谛。

补充上传贴士

我们需要制定整体战略，然后不停地向 YouTube 和其他视频搜索引擎创建和填充视频优化内容。是的，我们必须不停地上传内容。视频搜索引擎优化与传统搜索引擎优化相似。我们可不想让内容变得一潭死水，因为谷歌想看到网站经常更新内容，想让网站拥有内容新鲜的博客，还想让我们上传独特的、相关的内容。当然，视频也是一样的，YouTube 及其他视频搜索引擎都一样。

视频搜索引擎优化本地化

视频搜索引擎优化的最后一个策略就是创建"视频搜索引擎优化本地化"，意思就是不要使用视频搜索引擎来上传和优化视频，我们可以使用自己的视频播放器或购买视频播放器插件，设计单独网页，在新的页面上嵌入视频播放器，使用传统搜索引擎优化，用正确关键词优化页面等。

有的读者乍听下来可能会觉得有些惊讶，主导谷歌首页竟然还有这种操作！

奖励内容：视频建议

有时人们会被制作视频吓到。千万不要这样！虽然我们需要尽量做好视频，但也不要太过挑剔。毕竟我们既不是乔治·卢卡斯（George Lucas），也不是史蒂文·斯皮尔伯格。除非大家受过专业训练，否则不要期待视频会像好莱坞大片一样。遵守本章开始设定的宣传规则，最重要的事情就是勇于开始，之后就是熟能生巧。

另一个压力因素就是决定拍摄何种视频。只有多样化的视频内容库才能提供大量的价值选择。

汽车销售人员可以创作下列视频。

- 客户评价（奖状）。
- 产品评价：
  - 在车队中巡视走动；
  - 特征 / 优点；
  - 专业评价。
- 对比视频：将汽车与所有竞争对手进行逐一对比，例如"本田雅阁为什么比丰田凯美瑞好""本田雅阁为什么比尼桑天籁好"。
- 视频教程：
  - 买车防骗教程；
  - 新车购买教程；
  - 二手车购买教程；
  - 租车教程等。
- 超值套餐推荐（为何选择贵公司）。例如，免费送货到家和单位、价格保护、车主奖励计划等。
- 老板或者经理宣言。
- 销售部、服务部和零件部等部门介绍视频。
- 社区参与视频：
  - 慈善机构；
  - 地方政府；
  - 车展；
  - 特殊活动。

- 节假日。
- 售后与改装车像《速度与激情》(*The Fast and the Furious*)一样：
  - 热门汽车视频。

如果大家不熟悉汽车销售领域，可能会问到底要制作哪种视频。我们需要专注于自己的知识和专业，不管从事何种行业，也不管拥有何种专业知识，我们都应该列出需要拍摄的视频清单，就像本章为汽车销售员列出的清单一样。

要知道，大部分人都只是上网阅读、研究和浏览，并不会真正购买。别误会，确实有很多人会进行线上购物，本书的主题也是关于如何利用网络变现，然而绝大部分人上网除了购物之外，的确还做其他事情。因此，我们要好好把握时机，关注产品或服务内容，以及视频库的关注对象。

我本身就是个极好的案例。我个人在网上发布了 6000 多个视频。本章前面提到过，我在一个 YouTube 频道 www.youtube.com/seanvbradleytv 上传了 2400 多个视频，浏览量超过百万。仅我的 YouTube 视频（加上其他 YouTube 频道）观看量就已达数百万，其他视频搜索引擎的数据还没算在内。视频类型涉及培训、时间管理、创业以及旅行等。

我的生活就像电视真人秀，在网上非常透明。我有大量的粉丝和朋友，他们愿意接受我发布的一切内容。然而并非所有人都喜欢看我发布的所有内容。有人就不是因为我的职业技能而爱看我的视频，而是因为喜欢我的家人，喜欢看我旅行，还有一些人则是受到我的成功故事与商业视频的鼓舞。我要表达的观点是每个人都能在我这里找到合适的内容，因为我发布的视频包罗万象。

视频搜索引擎优化资源

市面上有很多辅助视频搜索引擎优化方案的技术资源，可以优化整个流程。其中，有一个软件叫 OneLoad，之前叫 TubeMogul，就像社交媒体中的 HootSuite。OneLoad 可以让我们整合所有视频搜索引擎账户（一键登录、一个密码），因此，仅需登录一个平台上传视频就能自动同步到所有视频搜索引擎平台。唯一的困难就是我们还得逐个去进行搜索引擎优化。这些只是同样的视频资产，没有任何改动，所以我们只是在传播重复的视频内容。此举并非完全无用，毕竟我们在每个平台上传的都是独特内容。不过,我还是强烈建议在不同的视频搜索引擎平台使用完全不同的视频资产。Oneload 显示了当前技术的进步与局限。就我个人来说,我从来不会使用这个软件。

市面上很多公司开发了比较成熟的视频搜索引擎优化软件,可以立即实现很多优化:

- 制作和编辑高质量的专业视频资产;
- 上传到多个视频搜索引擎;
- 剪切、编码并优化独特内容。

当然,还有提供人工视频搜索引擎优化的公司。它们经验丰富,团队专业。然而视频搜索引擎优化的优点在于自然和免费!我们可以(而且能够)实现主导谷歌首页的目的且无须付费。当然,我们也可以选择付费外包。决定权完全在我们自己手里,就像选择自己修剪草坪还是雇用园林公司修剪草坪一样。

社交媒体与社交媒体优化有实质性区别。

社交媒体是围绕社交展开的，故得名社交媒体。用户在社交媒体经常更新日常活动、想法、去处、食物以及交往伙伴，既包括为朋友送上生日祝福、周年祝福和节日祝福，还包括分享随想、恐惧、兴奋、沮丧、喜好、厌恶等各种事物。

社交媒体还包括分享已有事物。互联网上到处都是+1排队、转发推文、点赞、拼图和评论。MTV.com、福克斯新闻、卡通频道（Cartoon Network）、宝马和全美航空公司等大型网站都有可被分享的内容。

社交媒体优化则是一种营销策略，即创造有趣的内容，比如点赞、推荐、评论、制作视频响应等吸引人们参与和分享。社交媒体内容也能登顶谷歌，主导谷歌首页。

社交媒体的组成

社交媒体是世界上最重要的交流形式，Facebook是世界上最大的网站之一。社交媒体从沟通层面甚至政治层面彻底改变了世界。社交媒体俨然已经成为变革中的催化剂，不仅拥有深刻的社会影响力，而且还颠覆了整个广告行业与营销行业。

Facebook、Twitter、领英和Instagram等众多社交媒体的营销潜力巨大。与新老客户、潜在客户和粉丝群体进行实时互动是非常有用的。但是，本书不会涉及这些内容。我们要详细讲述社交媒体对搜索引擎的影响。那本书为何要提及这些内容呢？因为有必要让大家认识并尊重社交媒体对整体营销策略的重要作用。单是社交媒体的作用就足以写一整本书,但本书是关于如何赢得谷歌大富翁游戏的,其中一部分内容与社交媒体搜索(引擎)优化相关。

对很多人来说,社交媒体就是秘密武器,毕竟如今能用社交媒体获得搜索引擎优化价值的人少之又少。合理利用社交媒体的人能够获得意想不到的成功。

社交媒体主要分为四个部分,本章将一一讲述。

分享即关注

多年以来,搜索引擎一直致力于将社交媒体融入排名算法中。谷歌公司收购了多个经营失败的社交媒体网站(当然不是指 YouTube),最终还是决定自行打造谷歌+。微软公司也不甘示弱,深入调研甚至直接入股最大的社交网络公司——Facebook,至今仍拥有其大量股份。

搜索引擎也有数据。搜索引擎能够读取页面、评价来自其他网站的链接,还能基于用户是否返回搜索页面查看其他结果的行为,判断出用户愿意在网站上停留多长时间以及有无在网站上找到所需信息。

搜索引擎唯一不能理解的就是情绪。它们无法分辨点击链接的人对找到的结果是否满意。此时,社交媒体的优势就凸显出来了。社交媒体知道用户的喜好,知道我们的行为趋势,知道如果我们分享某一内容就意味着我们有可能在页面上找到了有价值的信息,可能是新闻网站上的文章、视频,或者可能就只是个有用的网页。

搜索引擎渴望获取这类信息,如今终于有了衡量方法。稍后我们会详细讨论该部分内容,毕竟相关争议很大。然而有一点是确定的:搜索引擎喜欢社交分享给网页带来的关注。

如果贵公司网站获得了 Facebook 分享、Twitter 转发,或者 Pintenest 图钉,那么其他人也有可能喜欢贵公司的内容。搜索引擎专门搜集这部分数据,即关注,并结合其他信号对其进行衡量。

假如多位 Facebook 用户都分享了同一视频,那么其他用户喜欢该视频的概率也很大。如果其中碰巧有谁的网站与视频主题相关,那么他们就极有可能将该视频嵌入到网站中去。

社交网站的功能还远不止于此。链接在搜索引擎排名方面有重要作用。社交媒体分享提升了内容曝光度,因此我们就能吸引更多人链接网站内容。社交媒体的内容宣传越充分,人们链接到内容的可能性就越大。这就是谷歌员工计算社交媒体分享权重的方式。一方面来说,他们非常喜欢这一功能,而且毫不避讳。另一方面,谷歌也确实有所隐瞒。不过我们还是先来讨论一下分享内容的人们。

分享的质量

当今世界上,很多社交媒体与搜索引擎中都充斥着垃圾信息,搜索引擎需要找出检验分享的内容是否真实有效的最佳方法。创建 100 个僵尸 Twitter 账户转发某一特定页面花不了多少钱,但搜索引擎知道这些分享没有任何价值。他们没有而且不愿意出面承认这一事实,但是顶级搜索引擎优化的不同层级测试都证明了这一点。我们不可能长期欺骗搜索引擎。

千万小心那些帮涨粉、加关注、帮转发的网站。这些公司并不稀奇,但不知情的人真会把它们当救命稻草。几百美元就能买到不少粉丝,然而事实上这些粉丝都不是真的。买来的粉丝很可能就是一些空壳账号,只是用来出售"点赞""互粉""转发""+1"的,或者有的账户干脆就是已知的垃圾账户,会给账户带来负面反向链接,还有可能将营销计划扼杀于襁褓中。

我们之所以要小心假朋友、假关注和假粉丝,还有其他原因。大部分社交媒体网站都有自己的算法,像谷歌和 YouTube 一样,Facebook 也有自己的算法。其中一部分算法就包括用户发表评论后的反响和回馈。例如,如果我们在 Facebook 上有 200 个朋友,更新状态或发布图片后应该得到三四个评论,这样才是正常的。如果我们买了 1000 个假朋友或者假关注,结果更新状态或发布图片后还是只有三四个评论,那可就尴尬了。如果我们有 1200 个朋友,结果却只有三四个人跟我们进行内容互动,这就相当于向 Facebook 发出信号:要么我们的内容没意思,要么我们的朋友觉得我们没意思。这简直大错特错，因为我们真的只有200个朋友，而不是1200个。购买假朋友和假关注的害处还有很多，但之前的内容应当已经足够表达本书观点了。毕竟成功一分钟，背后十年功。

想要好好利用社交媒体提高搜索曝光就必须接纳社交媒体。大部分人在社交媒体网站上都很活跃，他们愿意分享内容，还鼓励亲友一起加入。这种行为并不需要付出太多成本，却能让本地商户获益颇多。

本地商户特别希望Facebook用户在浏览网页的时候点击"签到"。很多本地商户还会利用优惠券等促销手段鼓励人们签到。我曾见过很多商户，比如饭店、小饭馆、汽车经销商等利用此项功能为自己服务。半数以上的Facebook用户拥有200以上的粉丝（平均值为130个）。如果人们在卡琳娜咖啡馆用餐时签到，这就会显示在时间轴上，消费者的部分甚至全部朋友就会看到。如此宣传，夫复何求？这是口耳相传的赞美。除了鼓励潜在用户和客户到店签到，自己到店签到也是个好方法。因为我们的朋友也会从我们的时间线上看到我们身处何处。这将会形成第一提及知名度（top of mind awareness，TOMA）。如果各位读者自己就是老板或者负责某家商店的运营，本书强烈建议大家号召所有的员工、通用代理、供应商、伙伴和朋友以及所有这些你能想到的人签到。不光Fackbook可以自行签到，其他主流网站包括谷歌+、Yelp、FourSquare发布的Swarm等也有这一功能。

在此强调一点，但凡有人签到，其他人会一直都能看到，而不是别人签到的时候才能看见。因此，签到的人就会实时出现在时间线上。如果有人查看别人三天前到三年前的时间线（或者其他任何时间），就仍能看见卡琳娜咖啡馆的签到记录。

对大企业来说，个人无法完成这项工作。无论有何需求，导师和社交媒体专家都可以为我们提供帮助。但要小心，我们都已经知道了质量至关重要，也千万不要忘记提醒专家仔细检查转发者的质量。如果转发者质量很低或者干脆就是僵尸粉，一定要尽快摒除，否则有百害而无一利。

再次重复一下之前的内容：质量远比数量重要。我们要确保转发Twitter、点赞、Facebook更新以及拼趣图片收藏者都是高质量用户。业内权威肯定要比路人甲强得多。万一有虚假账户点赞或转发贵公司信息，事情可就糟糕了。

社交信号

社交媒体及社交媒体对搜索引擎排名的影响颇具争议，本书此前略有涉及。其实，争议可以归结为社交信号。

微软曾承认必应非常重视 Facebook、Twitter 和 Pintenest 的信息，而谷歌只承认自己重视谷歌+。事实上，大型搜索引擎网站一定会关注上述网站及其他社交媒体网站，但它们几乎绝对不会承认。为什么呢？因为它们想要获取技术数据，但社交媒体数据又极易被操纵。

搜索引擎不愿意披露社交信号对其结果排名的影响，因此世界上就诞生了一批想要研究个中机密的商业代理和营销代理。2006 年至 2012 年期间，谷歌承认其他网站的外部链接会影响搜索排名。因此，搜索引擎优化师就开始想方设法地增加外部链接，并使用了名为"链接养殖场"（link farming）的方法。该方法见效快但后遗症严重，因此臭名昭著。

2012 年 4 月 12 日，谷歌发布了企鹅算法更新，终结了低质量链接的时代，并对网站排名产生了重要影响。曾经主导搜索的网站竟然在排行榜上一落千丈，这些公司全都抓狂了。此外，搜索引擎优化公司也纷纷关门大吉。简单低质的优化方式被判处死刑。

如今，社交信号也面临着同样的境遇，但搜索引擎仍极力隐藏自己的意图。搜索引擎对链接的处理方式已经人尽皆知，这次它们可不想重蹈覆辙。因此，在开发出正确理解和阅读社交信号的方法之前，它们都不会承认社交信号的存在。

社交信号是指网页和社交媒体网站之间的动作。社交媒体网站的维持以网页为基础，因此网站上的所有内容都处于搜索引擎的监视和理解之下。搜索引擎知道是否有人分享了某一页面，这一页面被赞了多少次。搜索引擎还知道页面上有多少评论，推文被转发了多少次，甚至分享地点也逃不过它们的眼睛，这对本地优化尤为关键。如果关于亚特兰大寿司的页面在亚特兰大被分享了 10 次，其影响力可能要远大于世界其他地方的 100 次分享。

如果上述情景发生在社交媒体网站上，就很有可能被搜索引擎索引。有意思的部分来了：谷歌称自己"无法索引 Facebook 的大部分内容"，事实确实如此，但这也不是谷歌真正的关注点。谷歌只关注网页本身和很多网页上都有的分享按钮。这些数据能够帮助谷歌理解公众对于某一页面的态度。这才是谷歌想要的信息——谷歌想知道用户喜欢什么内容。

打造值得分享的内容才是我们应当采取的基础策略。首先要多用图片，因为社交媒体是视觉化的。然后可以嵌入视频，注意正确把握内容长短，太短的可能无法完全涵盖有效信息，太长的用户则可能没有耐心看完。最后，如果页面确实值得分享，一定要在显眼的地方设置分享按钮，这样才能鼓励大家创造更多社交信号。

主导首页

搜索引擎总是瞬息万变，所以当今时代社交信号十分重要。今后，其他形式的情感表达可能会超越社交媒体。有一点可以肯定：在不久的未来，社交媒体网站将会在搜索引擎上拥有良好排名，这增加了大家主导搜索引擎结果页面的机会。

我们的页面排名提高了就意味着其他页面（很可能是贵公司竞争对手）的排名降低。我们的目标是不管大家是不是在搜索我们的页面，我们都要出现在榜单前列。

鉴于搜索引擎对社交媒体网站有偏好，所以提升网站排名并非十分困难。很多企业主犯的最大错误就是目标范围太广。大家都知道市面上有几十、几百甚至上千家社交媒体网站，一家也不想漏下并不现实。实际上，只要做好一个网站，就有很大机会主导谷歌搜索。当前重要的社交网站有 Facebook、Twitter、YouTube、谷歌+、Pintenest、领英、Flickr 等。

还有一些网站颇有迎头赶上的趋势，例如 Instagram、Tumblr 和 Scoop.it。不过这些只是带宽足够时的额外选择。比漏掉社交媒体平台更糟糕的是半途而废，放弃更新。

要知道，社交媒体网站的重要性天差地别，并非所有社交媒体网站都有搜索引擎优化价值。就像大富翁游戏一样，不同房产价值相差很多，社交媒体和谷歌大富翁游戏也一样。正如之前提到的，选择太多容易令人眼花缭乱。上述清单（及顺序）

只是我的个人建议，供各位部署策略时作为参考。

当然，上述网站不能一一详述，因为详细说起来一本书都不一定够。虽然本书不能把所有列举的平台都讲一遍，但大家也不要担心。不同平台的策略和建议都是通用的，无须一一赘述。

有了页面和档案是一回事，重要的还是要提升排名。为了实现该目标，我们需要做两件重要的事情。第一件事是要确保公司社交媒体页面和档案完整可靠。填充社交媒体页面地址、网站和其他重要信息花不了多长时间。将公司网站链接到社交档案中也不失为一个好的选择。谷歌+和Pintenest都允许用户认证自己对公司网站的所有权，为用户提高了相关性，增加了登顶品牌搜索排行的希望。

完善了页面信息，我们就该采取进一步行动了，即经常发布新内容。当然，过度发布新内容也没有必要，我们需要保持页面时常出现在对话框中。内容更新一旦停止，搜索结果排名就极有可能滑落。

提升网站排名的第二个方法就是将网站与博客及社交网络连接起来。这一功能很容易实现，不少按钮都可以完成这种链接。直接链接对提升排名的作用更大。

对于某些行业来说，提升排名可能会尤为困难，很可能完成上述任务后，页面仍旧没有出现在首页，那么我们就可以尝试一下从其他网站链接该网页。不过这种情况比较少见。如果贵公司有一个活跃页面或者活跃档案，然后我们将其与网站链接起来，那么相关页面很有可能出现在重要关键词的排名前列，例如贵公司名字。

利用社交媒体占据搜索引擎"房产"，我们不仅能挤掉竞争对手，还能挤掉其他不利信息，例如想从我们口中夺食的不良评价、负面报道和第三方网站。

社交媒体是搜索引擎游戏的重要部分。不论我们有没有将社交媒体视为公司的重要宣传阵地，有一点是始终确定的：控制人们在搜索引擎上找到的信息是十分有利的。

接下来，让我们从搜索引擎优化的角度解析主要社交媒体平台。

谷歌 + 本地商户

谷歌 + 是最重要的社交媒体平台，隶属于谷歌，就像谷歌邮箱、谷歌分析、广告词汇、谷歌评价（用于店铺宣传）和 YouTube 一样！为了充分利用第 5 章提到的 YouTube 视频搜索引擎优化策略以及本章将要提及的谷歌 + 社交媒体优化，大家都需要创建一个谷歌账户，即谷歌邮箱账户（Gmail）。一旦有了谷歌邮箱账户，我们就可以随意使用所有谷歌工具了，包括谷歌 +。

创建谷歌账户后的下一步操作就是认领商户页面。这意味着我们需要证实自己是商户的所有人，可以担任企业名录中的经理人。我们可以通过接听谷歌电话验明正身，或者谷歌会向我们发送个人识别码，收到之后即可完成激活（即我本人验证 Dealer Synergy Inc. 的操作）。

以下为谷歌 + 搜索引擎优化价值最大化的重要提示。

标题

谷歌 + 文章就像博客文章的微缩版，因此使用恰当标题非常重要。这样才能获得搜索用户的关注，并让我们从浩如烟海的谷歌内容中脱颖而出。

谷歌赋予了文章前几个单词非常重要的作用：

1. 谷歌会将标题与文章的标题标签合并；
2. 标题将会展示在谷歌的搜索引擎结果页面中。

看到贵公司谷歌 + 页面的用户越多，他们参与和互动的可能性就越大。大家会评论、+1、嵌入贵公司视频以及分享等。

文本内容

千万不要偷懒，将链接剪切复制到谷歌 + 账户中可不是什么好办法。我们需要确保添加的文本内容、细节和描述能够被搜索引擎索引，能够帮助用户更好地理解内容的价值，以便促进用户参与并分享。

图片

几乎所有谷歌+最佳文章都会使用图片。因此,我们也应该在文章中添加图片。条件允许的话,我强烈推荐大家使用原创图片,花点时间挑选质量上乘的合适的图片。有时候,人们会图省事不愿意添加图片,或者所添加的图片质量差、格式不符合网页设置等。

视频

嵌入视频能够提高我们的参与度。在各种信息载体中,人们最喜欢视频,但并非所有视频都行,必须是独特相关、实用有趣、引人入胜的视频。

话题

谷歌能够利用话题和语义分析来建立各个主题之间的关系,这有助于为搜索用户组织和推荐内容。在文章中使用话题非常重要。我们可以利用话题告诉谷歌哪些内容与文章最相关、最相似和最一致。

目标分享

确保将文章散布给所有的交际圈和个人。

将文章设置为"公开"可能是提高曝光度的最佳方法,如果在朋友圈发布并让朋友帮忙转发还能进一步提高曝光度。但是我们要非常小心,发文太频繁会让人觉得腻烦。小心前行,社交媒体是非常珍贵的资源。千万不要操之过急,过度发文会将事情搞砸。

谷歌+的评论

跟Facebook的评论插件相似,我们也可以在博客中嵌入谷歌+的评论。这个功能非常有用,因为如果有人在贵公司文章里留下评论,系统就会提示他们是否要在谷歌+的交际圈中分享评论。这不仅能大大提高参与度,还能改善搜索引擎优化。

互动文章/行为召唤

有了互动式的谷歌+的文章,我们就可以随心设置内容展示方式。这将为我们独一无二的产品、服务或生意创建行为召唤。

谷歌有很多行为召唤服务，都可以嵌入到文章中。我们可以从谷歌开发者中获得完整的功能清单。具体的行为召唤功能如下：

- 将自己添加到对方的通讯录中；
- 将商品添加到购物车；
- 将事项添加到日程表；
- 立即申请工作；
- 预订音乐会门票；
- 购买物品；
- 地点签到；
- 比较不同产品；
- 观看视频；
- 立即参与；
- 下载文档；
- 聆听音乐；
- 阅读电子书；
- 预定餐厅位置；
- 订阅简报等。

谷歌+本地商户还有许多其他重要的额外资源，其中最重要的就是谷歌评价。我会在第 8 章中介绍在线形象、谷歌评价等内容。

Facebook

我们需要利用 Facebook 获得更多的社交互动。Facebook 是商家的搜索引擎优化孵化器。我们希望人们在搜索公司业务的时候，还能看到我们的 Facebook 页面。例如，如果大家搜索 Dealer Synergy 会在首页上找到 www.facebook.com/DealerSynergy。

统一资源定位符

跟传统搜索引擎优化一样，社交媒体优化也始于统一资源定位符。因此，务必选择一个专门定制的统一资源定位符。我建议在统一资源定位符中使用公司名称、专业方向、所提供的服务和地理定位。

我们肯定希望用户在谷歌搜索自己所从事行业或者服务领域时出现在谷歌首页。如果我们的 Facebook 页面是 www.facebook.com/110004034rsdf，又有人搜索"布鲁克林比萨"，那我们的页面会出现吗？当然不会！但如果我们的页面是 www.facebook.com/BrooklynPizza，有人搜索"布鲁克林比萨"时，我们就可能出现在首页。如果我们的谷歌页面内容特别丰富，参与量众多，社交信号也多，那么我们就很有可能出现在谷歌首页。

类别

务必确保所选类别与经营范围高度相关。我们还有机会选择三个子类别。选择正确的类别可以帮助谷歌和其他搜索引擎对我们进行合理排名。这对 Facebook 及 Facebook 用户都非常重要。用户可以在 Facebook 中使用多重搜索，逐步缩小范围。不要着急，一定要确保优化方向对准利润中心或者主要业务。

关于部分

关于部分就相当于传统网站的元描述。我们要确保这部分内容填写完整。我们需要按照搜索引擎优化的要求填写，即确保内容细致完整，主要集中在以下几点：

- 公司名称、电话号码、邮箱地址、产品和服务内容、超值套餐推荐、地理定位业务和首要经销区域；
- 信用、获奖和引用；
- 公司简介；
- 员工及团队；
- 保证关键词密度和一致性处于合理范围：
  - 确保公司名称均匀地出现在描述中；
  - 确保商品、服务和地理定位关键词在描述中合理出现。

切记关于部分要写得像广告文案。内容务必生动有趣、引人注目，千万不要在搜索引擎上堆满垃圾信息。关于部分也可以被索引，能被索引则可以被爬取。

发布内容

发布内容是社交媒体最重要的环节，尤其是 Facebook。我们需要确保发文质量。Facebook 和谷歌的算法都能使用社交信号追踪所发布内容的价值。社交互动和社交参与是谷歌对我们、我们的页面及独立内容进行排名的重要因素。我们必须创作高质量的内容，也就是说其他人看到我们创作和发布的内容要有评论、点赞、分享、参与、嵌入或转发的欲望。

曾几何时，大家都在追求"点赞"，甚至出现了购买假粉丝和假朋友来增加"点赞"量的情况。现在，"点赞"已经不再重要了，或者至少不如曾经那么重要。目前来讲最重要的是参与度。实际上，很多专业公司都开始追踪大部分大型社交媒体平台的参与度。其中一家颇受欢迎的网站/服务就是 www.klout.com，它整合了 Facebook 及其他社交平台中用户与朋友、粉丝和追随者之间的互动细节。对于一个平台来说，比起朋友、粉丝和追随者的数量，更重要的是用户之间的互动。大家有互动吗？大家关心你的发文吗？我们能对朋友产生何种影响？参与和影响是最重要的评价指标。

秘密提示

进一步说，互动质量也并非唯一的衡量指标。互联网上有很多内容，我们需要进一步优化才能创造出令人印象深刻的内容。比印象深刻更高一级的是用户愿意点赞和分享。

以下为高质量内容和绝佳内容的区别。

高质量内容。内容简洁专业，正确实用。

绝佳内容。高质量内容能够激发众人的共同需求和兴趣。用户不自觉地就想加入其中，不由自主地想要评论、分享、点赞、表达厌恶和谈论。

例如：很多政治文章或者社交媒体流行话题都能获得很多关注。不过并非所有反馈都是积极反馈。获得反馈只能代表我们发布的内容具有煽动性，争议度高或者吸引力大，因此人们下意识地就想参与分享。

我们的内容需要同时具备以下三个属性：风格独特、引人注意、鼓励行动。

> **超级秘密提示**
>
> 本条提示非常重要，能为诸位的 Facebook 优化策略带来不可估量的价值。
>
> 我们需要实时收取 Facebook 消息提示，因此必须实时监测"每小时有效操作数"。发布完状态、图片、视频或者其他类型内容，我们必须保证每小时都有互动。如果两三个小时过去了还没有得到互动，那么就要删掉发布内容，重新发布更好的内容，吸引人们参与。
>
> 很多人都在 Facebook 上堆砌内容，毁灭谷歌算法，然而真相是我们没有必要经常在 Facebook 上发布内容。我们要做的是利用算法，驾驭算法，实现提升 Facebook 排名的目的。

理解 Facebook 算法

稍微偏题一下，讲讲 Facebook 曝光的真相。实际上，朋友数量和点赞数量都不重要，这一点是不是跟大家想得不太一样？假设某个用户在 Facebook 上有 1000 个朋友，并且发布了一条状态更新。我敢肯定并非全部 1000 个朋友都能看到该用户发布的这条内容。只有 5% 到 10% 的朋友能看见他在时间线上发布的内容。以朋友总数 1000 个来计算，只有 50 到 100 个人能看见该用户发布的该内容。因为 Facebook 不想让大家整天看见没有营养或不感兴趣的内容，结果搞得用户非常郁闷。因此，Facebook 使用了一套算法来进行复杂计算：

- 用户发布的内容有没有人点赞、分享、参与、阅读、观看并喜欢看；
- 用户朋友喜欢的内容，包括他们经常浏览、搜索、点赞和乐于分享的内容。

Facebook 会通过上述变量匹配相关内容、激发有共同爱好之人的兴趣。发布无聊内容会影响我们的 Facebook 排名，因此，经常发布他人不爱点赞、不会评论和不想分享的内容是没有意义的。这些无用功只是为 Facebook 账户自掘坟墓。

建议

本条建议与搜索引擎优化没有任何关系，不过鉴于本书讨论了 Facebook 的话题，所以还是要给各位一些有用意见：如果大家想在 Facebook 上获得成功，请务必购买

Facebook 广告。购买广告花不了多少钱，每月 200 至 300 美元即可轻松获得颇具影响力的 Facebook 广告宣传。有多少朋友或者获得多少点赞也变得无关紧要（朋友至少要有 100 个，不过这也不是什么难以企及的指标）。Facebook 广告可以轻松将信息传送给数千名目标客户。毕竟 Facebook 是以盈利为目的的上市公司，迫切需要资本化。加入 Facebook 广告计划，即有可能锁定特定人群，这些特定人群可按性别、年龄、兴趣和地理位置来区分。

当然，我们也可以瞄准朋友的人际关系网，包括朋友的朋友，喜欢我们或者我们所发布内容的朋友，外加这些朋友的关系网。只要愿意花钱，Facebook 十分乐意为大家提供不限量的会员接触机会。

特别提示

务必保证所有评论都有回复。实际上，我本人一直保持尽量多地与关注自己和自己所发布内容的人互动。我们很可能通过回复评论将一篇只有四五个评论的简单内容转变为拥有数百条评论的网页。我们还可以在某一发文的评论线中剪切和复制其他相关的在 Facebook（甚至其他社交平台）上发布的文章链接。切记互动才是最终目标。

领英

领英是业内首屈一指的"职业"社交网络。很多人利用领英打造商机，寻找工作机会，发布空缺职位。很多领英内容都能获得谷歌的偏爱，进而提升排名：

- 领英群组；
- 领英文章或者博客发文；
- 领英职业。

在谷歌搜索"费城职业"会出现 1.54 亿个结果，其中首页非付费区域就有领英 4 小时前更新过的工作目录（详见图 6-1）：

1. 费城工作，宾夕法尼亚州 | 领英；
2. www.linkedin.com › 工作 › 宾夕法尼亚州；

3. 缓存；

4. 领英；

5. 正在加载；

6. 4 小时前——速来领英申请宾夕法尼亚州费城的 10 832 个职位，立即注册，利用职业人脉，找到心仪工作。新的费城，宾夕法尼亚……

图 6-1　谷歌搜索"费城职业"反馈的领英费城地区的所有工作结果

社交网络的个人标签

前面，我们已经见识到了社交媒体对业务的巨大作用，但更大的惊喜还在后面。我们可以创建自己的"Facebook""谷歌+"或者"领英"，可以创建自己的社交网络，以下为两个简便易用的资源：

宁（Ning）：www.ning.com

伙伴速递（BuddyPress）[单词速递（WordPress）插件]：www.buddypress.org

Facebook、谷歌+和领英的市值都超过数十亿美元，我们完全可以火力全开，打造专属自己的社交社区或社交网络。最完美的地方在于我们完全不需要额外增加任何支出，即便有的话也不会超过 100 美元一个月。除了宁和伙伴速递外，其他工具也可以用来创建社交平台，不过这两个是当前市面上最简单、性价比最高的解决方案。

我们着实应当打造自己的社交媒体网络并将其添加到整体营销和宣传策略中。具体原因如下：拥有专属的社交社区方便客户互动是一项非常明智的举措，其中包括当前客户、过去客户以及未来的潜在客户。与客户进行实时互动，确认客户喜好、愿望和需求是一种无价的资源。而且互动又与赢得谷歌大富翁游戏相关，所以拥有属于自己的社交网络对搜索引擎优化意义重大。Facebook、谷歌+、Flickr、YouTube、Instagram 等社交媒体平台的搜索引擎优化"红利"不胜枚举。上述平台拥有海量用户，经常上传内容。因此，想象一下能有属于自己的平台该是多么了不起！

Dealer Synergy 是我的核心产业，业务范围涵盖汽车销售相关的培训、咨询和数字营销。我为公司做得最棒的事情莫过于创建了专属我们自己的社交网络与职业网络，即 www.AutomotiveInternetSales.com（互联网汽车销售，AIS）（详见图 6-2）。互联网汽车销售的详情如下：

- 每月独立访客数量超过 1 万；
- 会员数量约为 4000，他们必须创建完整的档案，跟 Facebook、谷歌+和领英一样；
- 文章和博客发布超过 2000；
- 视频数量超过 900；
- 图片/照片数量超过 2000；
- 公共群组和私人群组超过 150 个；
- 月度最佳经销商和供应商；
- 免费资源；
- 周一赚钱日；
- 真正供应商（供应商评价系统和目录）；

- 博客；
- 论坛；
- 大事件日历等。

图 6-2 www.AutomotiveInternetSales.com

注：它是一个基于宁平台的成熟社交网络网站。约 4000 名会员登录阅读每日更新的博文，并在论坛上讨论或者观看视频与图片。

我利用宁平台打造了 www.AutomotiveInternetSales.com，每月花费不超过 100 美元。我的愿望是打造汽车销售领域最具影响力的专业网络社区。我希望它兼具 Facebook、领英、美国有线电视新闻网和谷歌＋的全部功能，主攻汽车销售行业。事实上我做到了！我的网站成功地成为整个行业中最佳的汽车销售专业社区。

实际上，我可以就如何使用宁与如何打造私人专业社区专门写一本书。而互联网汽车销售简直就是搜索引擎优化的完美案例！如果我们在谷歌上搜索"互联网汽车销售"，会出现 7600 万个结果，非付费搜索结果的第一名就是 www.

AutomotiveInternetSales.com。

拥有宁或者伙伴速递这样的私人社交平台并不是最重要的。建立社交社区之后，我们需要遵守搜索引擎优化的参与规则。社交媒体平台的最大优点在于我们和所有网站会员都能打造风格独特、高度相关、可供优化的资源，例如博文、图片和视频。

我们在社交平台上创建的所有内容都可以同步到传统社交网络中，例如Facebook、谷歌+、Pintenest、领英等。我们需要预先规划出想要利用的社交媒体平台。一旦确定了谷歌大富翁游戏策略中想要利用的平台，我们就需要进一步清晰规划不同平台的内容以及搜索引擎优化内容的主题。具体来说，注册5到10个社交媒体平台就等着当甩手掌柜，绝对是痴心妄想。新鲜事物层出不穷，诱人机会也多种多样。我认为如果没有好好规划需求、愿望和目标，没有制订详细的计划，策略效果就会大打折扣。社交媒体优化策略也是如此。

时刻牢记社交媒体是移动的目标，已经呈现出爆炸式的发展态势。功能强大的新型社交媒体平台层出不穷。

至此，本书所有内容都是关于网站优化策略的，让网站优化策略适应谷歌的规则与标准，促进网络世界的有序化。几年前，移动终端还未呈现指数式增长的趋势，因此提升谷歌排名的策略主要集中于电脑终端，包括家庭电脑和笔记本电脑。但如今世界上 1/5 的人口都能通过智能手机接入互联网，因此，谷歌很重视电脑版网站能否转码为移动版网站。

使用谷歌推荐的网站策略才能令网站获得更为丰厚的回报与优待，进一步提高主导谷歌、获取成功的能力。

前面章节提到 95% 的搜索流量不会流向非付费搜索结果前 10 名（即谷歌首页）之后的内容。我们还知道，谷歌的宗旨是根据用户的搜索要求向用户提供相关信息与良好的用户体验，实现其作为搜索引擎的首要目标。这也从一定程度上说明了谷歌的困境：虽然谷歌会为每个搜索提供至少 1000 个结果，但只有 10 到 20 个排名靠前的结果有可能入得了大部分互联网用户的法眼。

31.3% 的流量来自移动终端

这一数据意义非常重大，意味着从 2012 年第四季度开始，网站流量的年增长率高达 34%。不仅如此，超过半数的网站移动流量来自非付费搜索，这在很大程度上代表了用户在搜索网站和浏览网站时的搜索行为和搜索设备。

这不仅代表了用户搜索信息时使用的设备发生了重大转变，更预示着人们搜索信息和寻找信息的方式的根本性转变。

WIN THE GAME OF GOOGLEOPOLY

第 7 章 主导搜索与网络移动终端的策略

移动搜索的流行程度显而易见，因此我们有必要关注谷歌公开的观点以及如何打造与之适配并且行之有效的移动搜索优化策略。

谷歌哲学十原则的第一条：

关注用户，其他的自然会来。

"从一开始我们就专注于提供最佳用户体验，不论是设计新型的互联网浏览器还是对主页样式进行微调，我们全心全意寻求改变的初衷就是服务用户，而非只为内部目标或内部底线。我们的主页界面简洁清楚、加载迅速。搜索结果排名从不竞价出售，广告不仅标注清晰而且能够提供相关信息，绝不会将用户引入歧途。此外，我们不忘初心，一直致力于开发新型工具和新型方法，绝对不让用户挑出任何毛病。"

接下来看一下排名第五的原则：**用户不一定非得趴在桌前才能找到答案。**

"世界的移动性发展迅速：人们想根据需求随时随地获取信息。我们正在引领新的技术时代，为改善全球用户体验不断提供新的解决方案，帮助大家在手机上实现各种功能的操作，包括查收邮件、查看日历事项和观看视频等，当然也包括提供多种方式让用户在手机上进行谷歌搜索。此外，我们还希望为世界各地的安卓用户注入更多的创新活力。安卓是免费开源的移动平台，它带来的开放性让互联网进入了移动新时代。安卓系统不仅让用户获利良多，还让用户拥有了更多新鲜的移动体验。运营商、制造商和开发人员也开启了增加收入的新时代。"

移动互联真实存在且快速增长，这是众所周知的事实。正如本书先前提到的，全球 1/5 的人口都有手机。谷歌尤其注重用户体验，始终致力于寻找新方法，保证用户受益于其产品。

移动用户数量已经非常惊人，大家一直都在争论哪种移动软件技术最有利于实现有效的移动策略。目前，市面上共有三种不同的移动网站格式需要考虑，传统的 iOS 和安卓应用就不用提了。本书的主旨是如何赢得谷歌大富翁游戏。接下来我们将进一步观察当下三个最主流的移动网址版式以及如何灵活运用它们来帮助我们实现称霸网络的目标。

在研究细节之前，我们需要明白做事之前需要首先选择在线目标。这样才能排除与目标或目的背离的版式，帮助最佳版式脱颖而出。

特定移动版网站

移动版网站的屏幕简约小巧，视觉布局和浏览体验都经过了优化，一般只包含完整电脑网站的最重要元素。虽然智能手机能够浏览绝大部分现代网站，但是移动网站能够为用户提供更为流畅的体验。大家可能都在手机上看过未经移动优化的网站：我们必须要用两个手指放大网页，并左右来回滑动才能浏览整个网站。

设计和开发移动网站的成本并不高，市面上有很多移动网站设计师都可以帮助我们快速进行各式各样的网站元素设计，从颜色到按钮风格。我们需要确保网络用户从移动终端输入域名时能找到我们的移动网站，而非完整的电脑网站。传统方法就是在网站标头添加移动探测脚本。浏览器向网站服务器报告终端类型，而我们需要做的就是倾听指示，然后反馈相应的网站"皮肤"。

以下为探测代码：https://code.google.com/p/php-mobile-detect/。如果贵公司没有单独的移动网站设计预算，那完全可以自己动手。不然就只能聘请专业的网站设计师。对某些人来说，添加探测代码易如反掌。但对其他人来说，可能就稍显复杂。设计困难程度全凭个人做主，简单也行，复杂也行。如果大家想走探测路线，就需要在计划中考虑一下平板电脑或者小型笔记本电脑。大家可以探测所有不同种类的设备，并为每种设备展示不同的移动皮肤。这一点很重要，因为在 320 像素宽的手机上显示良好的标准移动网站，到了 7 寸以上屏幕的平板电脑或笔记本电脑上就会变得十分模糊。我们需要为不同设备打造若干不同设计，并为探测到的不同设备选择不同皮肤（详见图 7-1）。

不过，大家很快就能发现移动网站在移动搜索引擎优化中的弊端，因为移动网站通常都存在于移动统一资源定位符中（例如 m.贵公司域名.com）。我之所以将其视为移动网站的潜在负面影响，是因为我们得从头开始为全新的完整域名建立权威、增加链接、设计结构。话虽如此，如果我们聘请了业务熟练的网站开发员，就能使用相同的统一资源定位符结构，即我们无须使用单独的域名，移动网站代码可以与完整网站代码共存于同一个文件中，并使用相同的统一资源定位符。

图 7-1　在线旅行网站 Kayak

注：我们可以在网站上预订酒店、航班及租赁汽车。该网站的电脑版设计简洁、导航清晰。移动版则与电脑版大不相同，不过仍在精简用户界面的同时保持了相同的风格。

移动互联用量颇高，而我们的目标又是主导谷歌首页，所以是提供流畅的用户体验令用户受益，还是在现有的完整统一资源定位符下维护一个二级域名？相信个中利弊，不言自明。

自适应网站设计

毫无疑问，移动网站设计版式中最大的争议就是使用自适应网站还是响应式网站。

虽然两种版式都是为了实现相同的目标，但它们使用的方法却完全不同。定义自适应网站的最简单方法就是该类网站使用了静态库维度断点（static dimensional breakpoints）来覆盖大部分常见屏幕尺寸：手机（320 像素宽）、平板（720 像素宽）以及台式电脑（960 像素宽）。自适应网站与专用移动网站相似，都无法自动加载。它们需要先行探测用户浏览网站时所使用的设备类型，然后再为用户提供尺寸合理的网站排版。

选择自适应网站作为移动策略主要有两个优点：一是，自适应网站价格相对便宜，因为我们只需要关注三种尺寸设备的网站布局，而无须为所有尺寸提供最优体验；二是，如果电脑版网站图片很多，不方便缩放，那么自适应网站就是我们的最佳选择。

响应式网站设计

作为自适应网站的竞争对手，响应式网站则完全不同，因为此类网站不需要设计多种文件，也不需要探测脚本。响应式网站可以提供最优的移动网站，因为它们可以自由缩放，适应各种尺寸屏幕。

使用响应式网站的顾虑就是开发难度较大（成本也相应高一些），但这项投资基本还是值得的，因为有了自适应网站我们就不需要为不同设备做调整，算是毕其功于一役。为了解决响应式网站高昂的开发成本，大家可以留意一下部分网站开发公司开发的基于单词速递、Drupal 或 Joomla 的响应式网站模板，售价连 100 美元都不到。使用网站模板最棒的地方在于省去了昂贵的设计成本与开发成本，我们无须邀请专职网站开发人员从头开发网站。

选择响应式网站作为移动营销策略的最关键原因就是谷歌的偏好以及高度推荐，信不信由你。还记得将移动策略与谷歌愿景结合到一起的观点吗？

谷歌之所以推荐响应式网站，是因为该类网站有以下几大好处：响应式网站只需一次设计；一个统一资源定位符和一套代码、页面和内容；非常方便谷歌阅读和爬取数据。为了进一步证明我的观点，以下是谷歌对响应式设计的评价原话：

> 响应式设计的网站，就是使用同一套统一资源定位符即可适配所有设备的网站，每个统一资源定位符都能为相应设备提供相同的超文本标记语言，而层叠样式表可以改变页面在不同设备的呈现方式。因此，谷歌推荐这样的布局。

从移动搜索引擎优化的方面来说，响应式网站的维护方便简单。特定移动网站需要维护主次（"m."）两级域名，响应式网站则只需要一个统一的资源定位符即可。这样我们在打造域名权威和提升网站排名上所做的搜索引擎优化工作就不会白费，因为电脑端和移动端的权威和排名都在完全相同的网站上。

电脑网站的搜索引擎优化绝技同样可以沿袭到移动网站中。除了用户体验和接入难易程度，我们在选择移动网站版式的时候最需要关注的就是确保电脑网站的所有页面、搜索引擎优化元设置及内容都同时存于移动网站上。

随着可穿戴设备在市场上越来越流行，例如手表、眼镜及其他可能出现的各种设备，响应式设计的吸引力越来越大，它不仅能够更大程度地节省我们的时间，还能避免未来可能出现的问题。

搜索引擎优化的针对目标是用户和搜索排名，然而只要我们想在互联网上获得成功，就必须准备好相应的移动优化解决方案。

移动网站需要使用不同域名吗？

使用 .mobi 很奇怪，因此不要使用不同域名。很多网站的移动版和电脑版都有不同的域名，原因很简单：不同域名更方便出售移动网站的供应商构建网站。这样他们就可以在完全不接触我们原有网站的基础上构建一个新的站点，并在原有域名可用的 .mobi 版本上运行。完成之后，他们只需再添加一个探测脚本即可。

这个办法相当不明智，具体原因如下：

这会将我们的流量一分为二！

我们的流量有一半来自移动设备，移动设备的一半流量又来自搜索。大家想让谷歌费尽心思弄明白要把流量分给哪个网站吗？事实是 .mobi 向来都是网站流量灾难，会完全扼杀掉移动搜索流量。

不管使用响应式设计策略还是探测式策略，我们都需要在所有网站上始终使用同一个统一资源定位符结构，这一点非常重要。使用同一个统一资源定位符，我们就可以在邮件中添加网站任一页面的链接，而且无须理会用户使用何种设备登录页面。例如，弗兰克打电话向客户介绍完滑板轮子种类之后可以向其发送一封邮件，附带以下链接 http：//FranksSkateBoards.com/trucks-and-wheels（以上网站纯属虚构）。如果弗兰克有整合的统一资源定位符结构，就无须理会客户是用手机、平板、笔记本电脑还是台式电脑打开邮件，因为用户只要点击链接就能看到轮子种类。

然而，如果弗兰克申请了一个 .mobi 网站，拥有多个域名，那么他就只能这样给客户发邮件：

希拉：

你好！我们公司拥有各式各样的滑板及轮子。手机用户了解详情，请点击以下链接：http：//FranksSkateBoards.mobi/I-Hope-This-WorksThanks，Frank，电脑用户了解详情，请点击 http：//FranksSkateBoards.com/trucks-and-wheels，平板及相似产品用户如需了解详情，请更换设备，否则您将无法了解本公司的丰富产品。

然而大部分拥有 .mobi 网站的公司不会这样发邮件。他们只会向客户发送电脑网站链接 http：//FranksSkateBoards.com/trucks-and-wheels。如果用户随手在手机上点开链接就会看到"404 页面无法找到"的错误，结果只得去其他地方寻找滑板轮子。

谷歌会奖励这种行为吗？当然不会。谷歌和客户都喜欢使用整合的统一资源定位符结构。很显然，带有不同域名扩展的域名根本无法实现。

即使能够自动跳转，http：//FranksSkateBoards.mobi/skateboards 与 http：//FranksSkateBoards.com/skateboards 也还是有区别。不推荐使用这个方法，制定策略就要使用同一个统一资源定位符。

移动点击付费广告

如果现在大家已经有了适合操作的绝佳移动网站，那么我们就有可能在非付费排名区域占据一席之地，客户也有可能会喜欢。那么移动付费搜索广告又该如何操作呢？通常来说，付费广告的效果都不太理想，因为很多人都会使用广告屏蔽软件或者直接跳过搜索结果页面的付费区域。但是移动付费广告的效果却能让人眼前一亮，其中一个主要原因就是大家无法直接跳过。

使用电脑在谷歌上搜索信息时，我们可以用肉眼识别非付费结果，因此大部分人练就了直接跳过付费广告的火眼金睛，或者有些免费的广告屏蔽插件也可以将该部分完全屏蔽，但是手机上就不行了。广告屏蔽软件在手机上根本不起作用，我们需要用手指逐个划过付费广告才能到达非付费搜索结果区域。要记得 51% 的移动流量来自搜索，对于我们的竞争对手也是如此。因此，迫使竞争对手的客户在搜索竞争对手时都能看到我们的网站和业务，岂不妙哉？

移动广告与传统电脑搜索广告完全不同，移动广告的影响力很强，因为用户在找到所需信息之前必须先看广告。当然了，当用户浏览到非付费结果时，我们还能排在首页，那是最理想的。但大家还是要面对现实，如果我们的目标是竞争激烈且有利可图的词条，那么想要夺得非付费搜索结果榜首简直难于登天。如果急需在移动广告策略中提升某些关键词的曝光度，那么我们完全可以求助付费广告。5 分钟之后，我们就能看到自己的网站在搜索结果中排名榜首。手机用户别无他法，只得浏览这些广告！

谷歌关键词竞价广告（AdWords）可以基于用户设备自动调整竞标数量。如果大家正在使用谷歌广告词汇进行业务宣传，纠正了移动网站，拉黑了向我们出售 .mobi 网站的无良商人，现在想要提升 20% 或者更高的移动竞价，那么就请拭目以待吧！就像买彩票一样，不买肯定赢不了。

总结一下，一定要制定良好的移动宣传策略，原因如下：

- 我们的用户和谷歌都关注移动宣传；
- 移动宣传占据将近 1/3 的网络流量，而且仍呈快速增长态势；
- 移动宣传可以提升非付费结果的排名；
- 强有力的海量广告策略可以轻松淹没对手，不断地在竞争对手的顾客面前刷存在感；
- 超过一半的移动流量来自搜索。

要记得不论选择何种设计，都要使用同一个统一资源定位符，这样谷歌和用户才能从我们这里找到有用信息。

移动用户如何进行搜索

讲解完最佳移动网站版式，就该转变首要任务了，即从我们应该做什么到人们如何使用移动设备搜索的转变。虽然本书早就涉猎了一些移动搜索引擎优化的提示和技巧，但我还是觉得应该更加深入地讲解一下为何用户搜索能够带来更多的搜索引擎优化红利。

第 7 章
主导搜索与网络移动终端的策略

几年之前，苹果引入了 Siri，即苹果操作系统中的虚拟语音助手，永久改变了人与手机的互动方式。没过多久，谷歌就在发布"当下"（Now）软件的时候发布了自家虚拟助手。人工智能技术的每次进步都能改变移动用户寻找和获取信息的方式。

电脑端的移动搜索行为与移动端的搜索行为有着显著不同。例如，假设用户需要汽车维修和保养服务。那么用户从电脑端就可能搜索"加利福尼亚州圣迭戈便宜的汽修工"，然后搜索引擎就会开始工作，尽量寻找与所输入内容相匹配的网站。

谷歌知道用户检索信息时的地理位置，因此会尽量提供离用户较近的搜索结果。研究显示移动用户比电脑用户更关注距离以及去那里所需的时间，所以在网络策略中加入位置层会带给大家意想不到的效果。

现在我们需要重新考虑地理定位数据对移动设备的影响以及搜索行为的改变。"那么谷歌，在我附近有没有物美价廉的汽车空调修理？"本应在电脑端详细输入的地址变成了暗含需求的"哪里"，与其他词条合并在了一起（原因很简单，谁愿意打那么多字？）。移动用户使用的是语音搜索，因此对话自然性就会提高，也更能指导谷歌理解所找内容的背景信息。

蜂鸟搜索算法更新对在线宣传策略的作用就在于此。如果我们从一开始就专注于确保网站内容精彩纷呈，且移动网站与目标保持一致，那么我们的竞争力就能显著增强，预期目标用户用手机搜索相关词条时，我们出现在显著位置的概率也会大大增加。

移动用户一旦找到了通往诱人内容或者可靠信息的链接，下一步就是了解移动用户的焦躁程度。最佳解决方案就是确保贵公司网站能在一秒之内加载出来，不然可能就要让潜在客户或口碑宣传员失去兴趣了。为了提高网站加载速度，2013 年 8 月，谷歌宣布了智能手机网站的运行速度新规定。

谷歌建议网站所有页面的重要信息都应放置在"首屏"（因设备尺寸限制而出现的自然截面底线）之上。此外，谷歌还建议"首屏"之上的内容需要在一秒之内就完全加载好并展现在用户手机上！如果大家觉得这个速度有点太快了，那也无可厚非，尤其考虑到当前大部分移动版网站的手机平均加载速度是 7 秒左右。

最后，说到移动页面加载速度，我们需要扪心自问我们希望用户能为加载网站等待多久。这一点很重要。如果大家觉得一秒钟根本就是天方夜谭，那么再问问自己现有的网站内容是不是值得用户等那么久。不断反思才能帮助自己确认现有网站是否拥有合理的初始价值水平。

移动搜索用户也具有高度社交性，因此鼓励社交分享一定要成为移动策略的重要环节。乍看之下，鼓励社交对谷歌移动宣传策略没有任何价值，但根据Facebook数据，每月74%的全球访问量都来自移动客户端。社交分享的目的是为宣传内容吸引更多关注。为网站吸引流量就意味着为网站增加站外搜索引擎优化机会。看到宣传内容的人越多，受到影响的人就越多，提到贵公司网站或链接到贵公司网站的可能性就越大，网站权威也可进一步提升，获得谷歌偏爱更是水到渠成。

务必提升移动网站的可分享度。除了讨好谷歌，我们还需要多吸引关注。关注我们业务或品牌的人越多，做成生意的概率就越大，正如本书在第1章所提到的。

正如大家所见，拥有完善的移动宣传策略对取得在线成功、主导谷歌非常关键。移动用量仍呈快速上升态势，没有任何停滞的迹象。

简要回顾一下移动宣传策略的优先顺序（不分先后），具体如下：

1. 确定目标；
2. 选择符合需求的移动网站版式；
3. 务必确保电脑搜索引擎优化与移动优化无缝衔接；
4. 牢记移动用户的搜索习惯；
5. 严格遵循谷歌的移动网站加载规则；
6. 务必确保移动内容便于分享。

上述6条原则能够为大家的在线移动营销策略带来积极影响，增加谷歌偏爱，赢得惊喜结果与排名。

第 8 章 在线形象优化

WIN THE GAME OF GOOGLEOPOLY

在线形象或形象管理分为很多层次。很显然,"形象"是在线形象的重要部分。感知即现实,眼见为实。在过去,人们觉得电视上的东西就一定是真的。如今,人们又开始觉得谷歌上的信息就一定真实可靠。正如第 2 章所提到的,谷歌公司的吉姆·莱森斯基曾写过一本名为《制胜零关键时刻》的书。书中提到,美国超过 80% 的交易都始于搜索引擎,其中在线形象就是最关键的影响因素——"零关键时刻"。阅读谷歌评价、Yelp 评价或者商人圈评价,可以引发用户对相关人物、产品或者服务产生不同的反应。谷歌上的在线评价完全能够影响人们的购买决定。谷歌非常看重评价,尤其是用户留在谷歌+上的本地商户/谷歌评价的评价。

评价之所以对谷歌如此重要还有另外一个原因。谷歌要在恰当时机为用户提供所需信息,尤其是最佳结果:最佳人选、最佳地点、最佳产品、最佳服务、最佳物品等。谷歌知道 95% 的人不会看第一页以后的内容,因此,谷歌需要在成千上万甚至上百万个结果中为搜索用户筛选出最佳选择。如果谷歌给出的都是蹩脚结果,包括差劲的公司、难吃的餐厅或者脏兮兮的酒店,那么人们就不会选择谷歌了。

竭尽所能为搜索用户提供最佳解决方案是谷歌的核心目标。因此,谷歌算法不惜搜索多重信号,以匹配出最适合登上首页的结果。

品牌、人物和公司的在线形象是成功笼络粉丝和销售产品与服务的重要基础。理解和打造在线形象管理策略,不仅对成功十分关键,而且有利于提升品牌持久度。本书只介绍在线形象与搜索引擎优化相关的内容,其他方面不过多赘述。不过我觉得有必要提醒大家在线形象的重要性,并确保大家在理解概念的基础上为品牌制定一套在线形象管理策略。www.GoogleopolyBook.com 会有更多关于在线形象的内容。

在线形象优化

具体来说,在线形象优化(Online Reputation Optimization,ORO)就是让所有在线评价和在线证明出现在谷歌首页的非付费搜索区域。为了赢得谷歌大富翁游戏,我们需要尽量多地占领谷歌地产。我强烈建议大家制定详细的策略,尽可能多地注册形象网站和商户目录网站,这样用户才有机会对贵公司或者贵公司的业务进行排名或评论。

利用正面评价主导谷歌首页可以获得额外"生命值"。当然大家都会拥有全面的谷歌大富翁游戏策略,不过在线形象管理能为主导谷歌首页提供额外房产。我们不仅能在谷歌首页上狂刷存在感,还能跟最具影响力的内容——在线评价比肩。以下为宣传策略中必须使用的在线形象网站。

谷歌评价

谷歌+无疑是第一个需要考虑的选项。务必将谷歌+上的本地商户信息填写完整,这不光有利于改善社交媒体优化,提升社交媒体优化的价值,更有利于发挥谷歌评价的作用。谷歌评价的位置比其他评价排名都靠前,而且展示方式也更加显著,毕竟谷歌评价在谷歌首页有独立展示区域,包括星级评价系统、若干评价、具体分数以及通往谷歌+的商户页面的链接。

如果搜索"费城福特经销商",我们就会看到6个不同经销商的谷歌评价突出展示在谷歌首页上(详见图8-1)。

名为帕奇菲科福特(Pacifico Ford)经销商的评价最多,评分也最高:总共134个评价,评分高达4.5星(满分是5星)。帕奇菲科福特不仅在谷歌评价上拥有最高排名,评分也是最高的。毫无疑问,寻找经销商的潜在客户肯定不会选择没星没评价的邓菲（Dunphy）经销商。毕竟有帕奇菲科福特在这里，谁会选择其他评价不明、无法入眼的经销商呢？

图 8-1　谷歌根据谷歌评价整合的搜索结果

注：结果排名主要依据相关性、排名和评价数量。公司地址和电话号码还通过谷歌地图的方式显示了出来，更便于用户跟商户取得联络或增加实际到访商户。

萨加特点评（Zagat Ratings）

再稍微研究一下餐馆，我们就可以看到谷歌有多重视评价。2009年，谷歌曾与 Yelp 商谈，欲以 5 亿美元价格将其收购，但交易最终没能成功。2011年，谷歌以 1.51 亿美元的价格收购了萨加特。价格虽不及 5 亿美元，但对商户评价公司来说，1.51 亿美元着实不少。多亏谷歌有远见，也理解谷歌搜索用户想要了解他人看法的需求。人们不想做出错误的决定，不想把钱浪费在差劲的饭馆（以及公司、产品、服务和人等）上面。

如果大家在谷歌上搜索"纽约市海鲜餐馆",会在谷歌页面顶部点击付费广告上面看到一个很大的黑色条框,里面是萨加特对22家符合标准的餐厅的评价。

黑框里面展示的是食物、餐厅及相关信息的图片,吸引着用户的眼球。当然,里面还有餐馆的名字、星级评定、餐馆类型和评价数量。总而言之,用户所需信息在谷歌首页应有尽有,完全不用另觅他处。任意点击黑框里的结果,都能在右边展开一个新的知识图谱。

详见以下案例。假如点击"蓝水烧烤",我们会看见图8-2的内容。

图8-2　Yelp和萨加特整合到谷歌搜索结果中的典型案例"蓝水烧烤"
注:照片、地图、电话、网站和其他细节信息及多个评价结果为顾客做出明智选择提供了大量参考。

知识图谱与萨加特评价/评分系统相互关联,能够提供地址、电话号码、价格、营业时间、预订服务、菜单、评分系统(评价)以及"其他相关内容"等非常重要的信息。"其他相关内容"这个功能非常重要,能够为搜索用户提供先前不知道的新选择和新主意。

Yelp

如果在谷歌上搜索"旧金山中餐",除了萨加特/谷歌首页顶部的黑色条框,我们还能看到多个 Yelp 评价和评分(详见图 8-3)。

图 8-3　谷歌上搜索"旧金山中餐"的结果

注:非付费搜索结果区域的前两名均来自 Yelp。综合考虑谷歌的算法力量以及 Yelp 与苹果的战略关系(当然也包括 Siri),在 Yelp 拥有页面就显得尤为重要。

Yelp 是一家颇受欢迎的评价网站,其影响力和相关性颇受公众追捧,谷歌排名也很高。唯一的问题就是 Yelp 不属于谷歌。因此,其排名不及谷歌评价和萨加特,但其价值,尤其是搜索引擎优化价值,仍旧很高。

Yelp 的另一个主要特征就是与苹果建立了伙伴关系,能够支持苹果 Siri 的搜索结果和搜索评价。世界上有 5 亿用户拥有苹果手机,如果他们跟 Siri 说"费城福特经销商""纽约海鲜餐馆"或者"旧金山中餐",Siri 将会反馈出 Yelp 评价而非谷歌评价。因此,大家依旧认为 Yelp 是一股重要力量。因此,除了创建谷歌+的账户,构建谷歌评价策略，创建萨加特账户和萨加特评价策略，Yelp 也应当成为贵公司在线形象优化资源库的重要平台。

除上述网站外，我们还有其他可利用的资源，如 Merchant Circle、黄页、白页、Citysearch、Foursquare。大家也应该在此类网站上注册账户，添加商户介绍，这样才能收获在线评价，最终登上谷歌首页。

当前，市面上有很多重要的网站、目录和清单，都能用于品牌、公司、产品或服务的宣传。广撒网的策略似乎有些笨拙和恼人。因此，组织资源、简化流程的软件就应运而生。我推荐大家关注一下 Yext（www.yext.com）。Yext 能够先对我们的品牌或公司进行扫描，查看其在顶级目录网站和商户列表网站的排名。

人力资源

大部分人都不知道人力资源网站竟然还对在线评价有巨大的搜索引擎优化价值。不过人力资源网站的在线评价与传统评价不同，它是雇佣评价。很多网站允许（其实是鼓励）雇员对所效力的单位进行评分和评价。这一举动非常明智。如果我们正在找工作，肯定不想为糟糕的公司或者恶劣的老板效力。因此，这些网站的存在意义就在于为求职者提供透明的渠道，让大家提前了解自己可能工作的地方。该领域有两个最具影响力的网站：

1. Indeed.com；
2. Glassdoor.com。

我推荐大家在上述两个网站都开通账户（介绍），利用相关关键词填充个人介绍，完成必要的搜索引擎优化策略。业务（品牌）介绍完成后，本书强烈建议大家让所有雇员，无论是全职、兼职还是实习雇员，都添加对公司的正面评价。

在创建人力资源评价站点页面的同时，我们也打造了可索引的内容，能够帮助大家登上谷歌首页。

行业评价网站

以汽车销售行业为例：

- Edmunds.com；
- KelleyBlueBook.com（KBB.com）。

提升在线形象的另一关键方法就是与行业专属评价网站建立联系。这类网站影响甚广，因为它们早就有了大量的忠实粉丝。例如，在汽车销售行业中，消费者和客户最经常访问的两个顶尖网站就是凯利蓝皮书和Edmunds.com。上述两个网站每月都有数百万的独立访客。它们可以提供诸多重要信息，帮助消费者在买车时做出明智的购买决定。这些重要的网站早就具有高度的搜索引擎优化价值。聪明的汽车经销商或汽车销售专员都会把客户吸引到这两个网站上，鼓励客户为经销商（或者销售专员本人）撰写在线评价。商家也可以发送一封附带凯利蓝皮书或者Edmunds.com网站链接的邮件，其终极目标就是在专业在线评价网站上获得点评，尤其是行业相关的在线评价网站。

为了更清晰地阐述工作原理，我们以酒店行业为例进行详细讲解。在谷歌上搜索"比弗利山庄最好的酒店"，我们会发现谷歌首页充斥的几乎都是在线评价：萨加特评价、点击付费评价、酒店对比（受赞助的）、猫途鹰（TripAdvisor）、亿客行（Expedia）、好订网（Hotels.com）。

我们不光要利用在线评价网站，还要加入相关行业的评价网站，这样才能提高相关性。

个人评价网站（博客网站）

我们会在下一章详细讲述博客网站和辅助网站，因此本章就不赘述了。我还是觉得拥有自己的评价网站最好。我们可以利用单词速递为公司或品牌（免费）创建评价网站。方法很简单，具体如下。

- 统一资源定位符/域名。我建议大家选择简单的域名，例如www.ABC公司评价.com（品牌或者公司名称加"评价.com"）。
- 我建议使用博客版式，便于每日或者每周更新评价。
- 确保上传文字评价：
  - 可以直接引用客户或者粉丝的原话；
  - 可以从客户视频证明中节选一些内容，引用为文本；

- 可以将信件、卡片或者感谢信扫描成电子版。
- 图片：给客户拍照。拍摄商户与客户的同框照片，客户参加贵公司活动的照片，以及客户与产品同框的照片。
- 视频：视频证明是可用的最具影响力的评价内容。
- 同步内容：将收到的评价同步到谷歌评价、萨加特、Yelp、黄页、猫途鹰等网站上。

大家还可以将相关内容复制粘贴到博客上。

与评价互动

增加评价并利用网站提升品牌排名只是开始。真正的红利始于人们开始阅读评价。大家已经了解了星级评定在谷歌首页的显著位置，但这只是概述。锁定业务类型和目标客户类型，我们就有很大的机会对潜在客户产生重要影响。

每个评价都应当收到个性化的回复，尤其是来自公司老板或者总经理的直接评价。再次强调一下：每个评价都应当收到来自公司老板或者总经理的回复。是否每天都收到评价没关系，但是大家必须每天都腾出时间回复用户评价，这样才能保证不会出现超过一天都没有得到回复的评价，不要让本该进行的对话变成客户的独白。

这样做主要有两个原因：第一，很显然这是表示对客户的尊重。如果有人肯花时间评价贵公司，那么他们的评价就值得被回复，无论说好的方面还是说坏的方面；第二，谷歌喜欢这种互动类型。如果我们直接问谷歌，谷歌可能会否认，但如果询问从业已久的搜索引擎优化专家，他们肯定会说互动能够帮助大家在搜索中获得更高的排名。

当然也有例外，例如 Ripoff Report 和其他依靠商户名气将流量吸引到自己网站的"寄生虫网站"。这些网站会通过发布负面评价来威胁大家，希望借用贵公司名气来提升排名，这样大家就不得不做出回应。

千万不要上当。

人们都会下意识地为自己辩解，但是如果我们回复了这些网站，事情就会变得更糟。我们要把眼光放在正面的大型网站上——BBB、Yelp、谷歌等，这样寄生虫网站自然就会被淹没。

扭转危机

大部分商户都视负面评价为毒药，避之唯恐不及。其实道理也是这样。区区几个负面评价就能导致人们不再与我们来往，因为大家都觉得自己没必要跟骗子公司打交道。

更糟糕的是越诚心买东西的人就越挑剔，顾客可能会专门搜索目标公司的负面信息。大家可能有几十条正面评价，但是浏览网站的用户会直接跳过大量正面评价，专门找一星评价。

这也并非全无益处。我们可以尽量扭转危机，在危机中寻找自己的机会。回应负面评价的方式也能给公司带来正面意义。每家公司都有缺陷，对此大家都心知肚明。我们不可能让所有人随时随地保持百分之百的满意。所有商家都会给客户造成负面体验，因此回复负面评价的方式就显得尤为重要。

秘密提示

大家在措辞的时候必须十分小心，不光是因为给客户造成了负面感受（这一点随后会讨论），还因为谷歌会阅读此类评价。

诸如"我很抱歉""不良体验"或者"酿成大错"等负面言论会进入谷歌视线，影响谷歌是否在非付费结果名单中"推荐"贵公司。具体来说，我们可能想说一些客套话，例如："很抱歉在餐厅给您造成了恶劣的用餐体验，请允许我们对您做出补偿。"谷歌会认为评价中有不少负面词汇和负面短语。这其中既包括留下评价的人，也包括商户自己。负面词汇越多，谷歌把商户列入"黑名单"的概率就越大。我给商户上课讲述案例的时候，他们都感觉非常震惊，谷歌竟然能够明白语言的表面含义与深层含义，而且还是用户和商户双方的观点。因此，大家一定要谨言慎行，注意回复评论的方式方法。谷歌可都听着呢！

首先，避免承认错误。不要说"很抱歉为您带来糟糕的体验"或者任何将商户置于道歉情景的言论。大家要强调自己愿意试着与客户开诚布公地交谈，而不是一味地进行弥补。

这对不少商户来说可能有些困难。在现实世界中，人们总是倾向于道歉并提出一定补偿。这在在线评价网站这类公共论坛是极不可取的。这就相当于变相鼓励人们留下更多负面评价，因为大家都觉得抱怨就能换来免费"午餐"。

以下为回应负面在线评价的正确态度与正确示例：

亲爱的客户：

十分感谢您对我司的意见和反馈。我们力求在各方面都与您形成完美互动，但现实往往事与愿违。我们愿意与您进行直接的深入交流。我们非常关注您的意见，能否给我们机会与您进行电话沟通？

首席执行官：肖恩·V. 布拉德利

555.555.1234

上述互动相当于在没有承认错误的情况下告诉谷歌我们想要弥补顾客。此外，大家还知道公司关注评价，想要挽回顾客。如何回复评论比较具有挑战性，因为大家得同时照顾两种受众，但如果措辞得当，就能让大家从容应对两种受众之。

分享即提高曝光度

使用社交媒体频道可以让大家的业务加倍获利，所以遇到想要分享的正面评价一定要竭尽所能放到所有平台上。

YouTube 平台应当引起大家的关注。如何将 Yelp 评价分享到 YouTube 呢？对我这样的商家来说，我们经常会与客户面对面地交流，因此能够拍摄到与客户面谈的视频，可上传至 YouTube。虽然这条意见并不适用于大部分商户，但也没关系，这不耽误大家充分利用评价的作用。

你可以对最有利的正面评价进行截图，然后放到一个制作精美的视频文件中，上传到 YouTube。这类操作并不需要多高深的视频编辑技巧，稍微加点背景音乐，按照之前视频搜索引擎优化章节所述的方法添加正确的标签，一条视频评价就这样诞生了。从某一方面来说，这类评价的影响力非常强。用户在搜索商户评价的时候，贵公司精心优化过的视频就很有可能登上谷歌首页。

视频和视频搜索引擎优化已经被强调过多次。因此，我强烈推荐大家为自己或者公司业务制作视频评价，甚至打造完整的视频证明策略。

为了打造最佳视频评价，请遵循以下提示。

- 确保评价类型多样化。例如，汽车经销商或者汽车销售专员就要拍摄客户开心的样子作为视频评价。
- 地理位置：来自特定地区客户的评价。
- 人口统计。
- 关注执法部门和军队。

正如大家所见，拍摄视频评价远比拿着拍照手机对着顾客并要求其给出"快速评价"要困难得多。我们需要制定完整的策略，不过这个概念比较简单，适用于各行各业。

基本上说，我们要让视频评价多样化。我们需要考虑所有的受众，一个也不能落下。他们想要什么，需要什么，期待什么？对他们来说什么是最重要的？一旦弄清这些事情，接下来就该邀请新老客户拍摄视频证明或视频评价了，此外我们还要确保视频评价资源库的多样性。这样用户在搜索贵公司、贵公司产品与服务的时候就能看到这些视频证明了。

正如本书之前提到的，我有 600 多个视频评价/证明，在 YouTube 中输入"Dearler Synergy 评价"或者"肖恩·V. 布拉德利评价"就能全部找到。

除了 YouTube 和其他视频搜索引擎的视频评价，我们还需要把在线评价同步到其他网站，包括自己的网站。分享和链接能够助评价一臂之力，有利于提高评价在搜索引擎上的排名。务必要在 Facebook、Twitter 和谷歌+上分享链接，并将评价同步到博客和网站上。目前市面上有很多应用和插件都能够帮助我们实现这一目的，并反向链接到评价上。利用现有资源认可评价与评价网站才更容易获得谷歌的信任。

要记住，任何诡计都骗不过谷歌。（长期）造假和欺骗谷歌是绝对不可能的。谷歌对在线评价十分重视，甚至为其写了一本名为《制胜零关键时刻》的书，说明评价对潜在客户的零关键时刻非常有影响。随后，谷歌差点以 5 亿美元的高价收购当时最具影响力的评价公司 Yelp，不过还是在最终时刻放弃了收购，转而以 1.51 亿美元的价格收购了萨加特。然后谷歌就在首页显著位置展示谷歌评价和萨加特评价，并将在线评价平台与知识图谱整合到了一起。

大家可以利用此条信息来打造在线形象优化策略，使用在线评价来实现主导谷歌的目标。

至此，我们已经讲述了如何提升一级网站排名，介绍了社交媒体页面与社交媒体专栏对一级网站搜索排名及自身搜索排名的影响。此外，评价网站也能提升商户排名，之前的章节讲解了使用方法。然而想要补全在线营销策略拼图的所有空缺，还差最后一块碎片。

大家的目标是在用户搜索自己商户名称时完全占据谷歌首页。然而，谷歌却限制了某一网站在单次搜索中的出现次数，所以还有很多地方鞭长莫及，因此就轮到二级网站登场了。

二级网站有很多种。在理想情况下，大家有精力在谷歌大富翁游戏上花费大量时间，能够创建很多二级网站，占据更多搜索排名，带来更多生意。二级网站有博客、微网站、客户评论网站、主题网站等不同类型。

本章将按照上述顺序描述各类网站的益处及创建方法、维护方法以及对商家有何深入作用。

博客

20世纪初，网络日志开始流行。20多年前人们就可以轻松浏览各类网站，但搭建和维护网站却需要专业知识，因此异常困难。早期博客平台的兴起使得普通人在没有受过专业训练的情况下就能构建个人网站，表达个人观点，并与大家分享。

目前市面上有多种网络日志。实际上，网络日志就是在网络上记录日常生活，后来被简称为博客，近

WIN THE GAME OF GOOGLEOPOLY

第9章 主导搜索的二级网站

年来其流行程度越来越高。如今，互联网上约有 2.5 亿篇博客，不过其中大部分已经被创始人完全抛弃。

为业务开通博客能够给公司增加个性元素，树立专业形象。我们可以用博客来推广日常业务内容，如销售情况、月度最佳员工以及客户证明。

博客统一资源定位符类型

有三种可供选择的博客域名：

1. www.companyname.com/blog；
2. blog.companyname.com；
3. www.companynameblog.com。

三种命名方式各有利弊。第一种是在贵公司网站上添加文件夹，方便我们不断以谷歌喜欢的方式给一级网站添加内容。大部分搜索引擎优化专家甚至谷歌本身都会推荐这种命名方式，但我个人并不推荐这种方式，原因稍后说明。

第二种方式是为博客创建次级域名。这种方法曾经是运行博客的最佳方式，也是谷歌运行内部博客的方式，不过现在不同了。过去，次级域名博客网站是完全独立于一级域名的。如今，谷歌也转变了态度，将大部分次级域名视为一级域名的分支。不过无法协调的情况下也有例外。然而对商户来说，这种方法最不可取。

我个人比较推荐最后一种命名方式，即将博客放在完全不同的域名上，甚至不同位置都没关系。实际上，博客可以独立存在。

这种命名方式也有弊端，虽然我们经常在博客网站上更新与主站相关的内容，但一级网站却无法获得搜索引擎优化红利。我知道大家肯定想要与众不同，所以请务必选择最后一种命名方式，因为这才是高级商户老板的共同选择，能够真正帮助大家主导谷歌搜索。

将博客附到主站域名表面能为一级网站吸引链接，提高排名，实则收效甚微，所以还是要千万小心。一级域名的每个链接都会减少内部链接的有效性。换句话说，如果大家不停地将博客链接到主站上，最终会导致谷歌认为这些链接没有任何价值。

大家的主要目的是覆盖更多资产。正如我们一直强调的，我们需要尽可能多地覆盖网络产业。只有第三种方法才能帮助大家赢得最终胜利。用户在搜索贵公司名称或者其他关键词时，拥有独立域名的博客才能在搜索结果页面占据一席之地，其他两种博客则不能。

> **专业提示**
>
> 很多公司喜欢用 wordpress、Tumblr 和 Blogger 提供免费次级域名服务，不过每月需要缴纳 10 美元的托管费用。我们根本无须使用该方法，这种方法不光效果不佳，而且省下的费用也是寥寥无几。

博客软件

力求简单。当前市面上可用的博客平台琳琅满目，多达数十个。大多数平台是为了突出某方面的特殊优势，还有一些则是被整合到其他软件中。在搜索引擎优化中，通常我们应当关注市面上的新型方法。但对博客领域来说，主流供应商已经能够满足所有需求了，根本没必要找什么秘密平台。将大量时间精力花在未来可能被淘汰的平台上是最可怕的。

市面上的博客平台虽然很多，但值得一用的只有 Blogger、Tumblr、Ning 和 WordPress 这四个。这四个平台各有优劣，但无论哪家都没有压倒性优势，任意一家都能满足我们的需求。接着我将介绍一下这些平台各自的特点。

Blogger

有人会想 Blogger 是谷歌旗下的工具，所以肯定能够得到谷歌的特殊偏爱。然而事实并非如此。实际上，在上述四种工具中，Blogger 在谷歌心中只能屈居第二。

Blogger 只能算是中规中矩的软件，比市面上的部分软件靠谱一些、简单一些，但它既没有单词速递的插件功能，也没有 Tumblr 的操作简便。因此，求全的用户适合使用这个平台，想要某一方面功能突出的用户不适合这款软件。

Tumblr

Tumblr是最简单的博客发布平台，利用它仅需几秒钟就能发出内容翔实的博客。如果我们在YouTube上看到喜欢的视频，想跟读者分享，只需复制统一资源定位符，填写标题和描述即可。Tumblr能够帮助用户调整大小，并在博客上进行分享。

Tumblr还有最大的内部社区。与其说Tumblr是具有社交功能的博客，倒不如说它是附带强大博客功能的社交媒体网站。不过作为商业工具，Tumblr的博客功能比较重要。

不幸的是，Tumblr是这四个平台中功能最不完善的，会受到主题的限制。好在平台有不少可供选择的主题，但是在Tumblr定制符合需求的博客挑战性还是最大的。

谷歌对该平台的信任度最低，这意味着大家可能得多花点功夫才能提升关键词排名。

Ning

Ning是上述四个平台中的异类，因为它本身并非博客网站，只不过是兼具博客的功能，可以为大家所用。

Ning是最简便的联合博客工具。换句话说，我们可以轻松邀请社区和业内人士参与进来，为博客增加内容。如果我们想让自己的博客脱颖而出，吸引大量流量，那么Ning将大有裨益。如果我们不能邀请很多人来参与博客，那么Ning就毫无价值。

WordPress

虽然前三个平台就能满足我们的需求，但我个人更倾向于WordPress是4个备选项目中的最佳平台。

WordPress的功能最稳定，提供的选择也最多。很多人都能基于该平台构建完整网站。此外，平台上还有数万个插件、主题与定制化服务。

更重要的是不管从内部还是外部来看，WordPress的表现都是最好的，不光搜索体验好，博客排名也比其他平台好。WordPress的博客链接给一级网站带来的价值也更高。

不过优势也是劣势。平台功能越完善，理解平台的难度就越大。只需几分钟就能轻松掌握 Tumblr，玩转 WordPress 却需要经历一个小小的学习过程，因为它没有一劳永逸的设置。

想要利用最好的平台与资源就要努力，所以我才说四个平台哪个都可以，主要取决于我们想让博客发挥何种功能。如果大家不经常发文，那么操作起来复杂的 WordPress 就完全没有必要，Tumblr 足以胜任。

博文要发什么

信不信由你，每个人都能成为网红博主。不是只有赢得普利策奖的大记者才能写出好博文。好点子加基础语言能力就完全足够，当然大家还得静下心来，每周至少花 30 分钟写内容。

博客的内容完全取决于大家所从事的行业。餐厅老板可以上传不同菜品的拼图，发布主厨烹饪美食的视频博客，说说自己对本地社区的看法。以下为大部分行业都能发布的内容类别：

- 行业创新和新闻；
- 特殊产品或服务；
- 社区大事件；
- 本地慈善；
- 本地学校；
- 不同客户；
- 雇员专栏；
- 公司及行业的趣闻和历史；
- 教人们使用产品与服务的提示；
- 说服人们选购你的产品或服务；
- 大家喜欢的其他内容。

最后一项内容比较有争议。曾有汽车行业的老板在公司博客上发布了其妻子的感恩节火鸡菜谱。大家可能会问为什么要在汽车主题的博客上发布这样的内容，但菜谱竟然风靡一时，在当地社区被疯狂转发。

有些人喜欢专业与专注，还有一些则爱好广泛。博客的底线就是写我所知与写我所能。干洗店的老板肯定比客户知道更多的干洗知识，在博客中分享相关博文何乐而不为呢？

微网站

曾几何时，微网站在搜索引擎优化领域颇为流行。有的公司专门构建成百上千甚至数万个微网站用于产生外部链接，帮助一级网站登顶特定关键词搜索排行榜。然而，这样的时代早已一去不复返。2012年发布的企鹅算法更新根治了低质量的自动链接。所以，这些垃圾链接对提升网站排名有百害而无一利，大部分都被下架了。一批著名搜索引擎优化公司也随之倒闭。

真正的高质量微网站应当与一级网站并无二致，既可以是一级网站的延伸，也可以是主攻特定主题的独立主体。

微网站跟博客不同，其内容的唯一目的就是吸引业务。因此，微网站的优点就是能为商户直接增加价值，不过这也使得主站在提升特定关键词排名方面变得更加困难。

强大的微网站应该是麻雀虽小，五脏俱全的。微网站应该有类似博客功能的内容页面给访问者带来价值，不过这类页面也不宜太多。换句话说，我们不会定期更新微网站的内容，所以网页内容应该是独立的，与时间无关。例如，微网站就不适合报道特定事件。

人们经常将微网站与着陆页面或主题网站混淆。微网站可以有着陆页面，但独立着陆页面或准顾客收集页面只有在特定情况下才能发挥作用，否则无法产生任何搜索价值。在微网站添加这类页面可以产生线索，而网站其余部分又可以为一级域名带来搜索引擎优化价值，同时自己也有能力在搜索中占据一席之地。

我们要将微网站当作主站的小型变体，删掉不重要的成分。例如，微网站中不应该有介绍页面。

微网站可以是设置在公司主站以外的汽车经销商名录。公司一级网站上可以有企业的服务、零件、金融、特价组合和产品。相反，微网站主页则可以讨论某一品牌在市面上的所有车型，其他不同页面则设置产品名录，车卖出去后页面就能下架了。

微网站不能取代一级网站的任何功能。我们不应该把用户从一级网站引到微网站，反过来倒是可行。不过在一级网站上设置相关按钮，将人们引向服务和零件页面是完全可取的。

设置合理的微网站能够在用户搜索公司名称或者特定需求的时候出现在谷歌排行榜上。根据之前的案例，大家可能会选择以下域名 www.bradleyhondainventory.com，用户在搜索"布拉德利本田"或者"新泽西本田雅阁"等其他关键词的时候，微网站就有可能在搜索结果中占据一席之地。

构建微网站也需要花费相当程度的时间和精力，这可能也是微网站的一个弊端。不过微网站的维护简单，所以，最好还是建一个，每月或者隔一个月更新一下内容，尽可能地发挥其搜索优势。

客户回馈网站

客户回馈非常简单。作为商户老板，客户是获得收入、增长业绩、兴隆生意的源泉。大部分商家都会对客户心存感激，但大家有没有采取在线行动表达感激之情呢？

客户回馈网站就可以满足商家的需求，不过不是每个人都适用。例如，对修造屋顶的包工头来说，除了感激，他们也没什么好对客户说的。因为这个行业基本上都是一锤子买卖，鲜有回头客。此外，该行业也没有粉丝群，因为他们很难因为表现出众而脱颖而出。房顶修得好，客户自然会满意，但客户肯定不会说："哇哦，你们做得太棒了，比之前所有师傅修得都好！"

然而对大部分商户来说，客户回馈网站还是很有用的。这类网站主要分为两个部分：客户故事以及商户优惠。

很多商户都有客户忠诚计划，主要形式有办理购物卡和在线签到，这就是网站所能展示的绝佳内容。咖啡厅经常有"买九赠一"的会员卡，这就是构建客户回馈网站的绝佳方法。

积分达到标准以后，咖啡师只需询问客户是否可以将其放到客户回馈页面上。客户只需拿着最爱的饮品拍张照片，留下名字与下单方式即可，如此客户回馈网站的一篇文章就完成了，在回馈客户的同时还增添了乐趣。本书就不过多讲述细节了，感恩回报内容丰富多样。

那感恩客户有什么作用呢？这样做不仅有趣，还给了客户向亲朋好友宣传贵公司的资本，不过客户回馈网站的功能远不止于此。首先，这类内容十分适合在社交媒体网站分享；其次，除了博客以外，大家又多了一个可以定期发布内容的网站；最后，我们在网络上增加了独立图片，图片又可以在谷歌图片搜索中独立出现并竞争排名。

然而，感恩客户最重要的作用还在于我之前提到的形象管理。如果用户通过商户名称搜索商户，客户回馈网站就会显得尤为重要，而且网站自己也能在其他重要搜索词条中占据一席之地：

- "公司名"评价；
- "公司名"差评；
- "公司名"反馈。

通过搜索上述内容，用户其实是在考虑是否要与贵公司做交易。通过正确投放客户回馈网站，我们就有机会在竞争中脱颖而出。要记住，用户搜索我们，就有可能同时搜索我们的竞争对手。如果对手恰好没有客户回馈网站，那么我们就会因为真诚感激客户而出类拔萃。

主题网站

本书之所以最后说主题网站，是因为这是最重要的二级网站。对大部分商户来说，如果时间和精力只够兼顾一种二级网站，那么主题网站绝对应该成为大家的首选。顾名思义，主题网站就是专注于某一主题的网站。多年来，我们构建了数千个主题网站，帮助汽车领域的客户主导了无数的搜索关键词。

以下为汽车行业主题网站的范例：

- 特定车型主题网站；
- 汽车服务主题网站；
- 特价二手车主题网站；
- 活动主题网站；
- 地理定位主题网站。

上述任何一类网站都是不错的选择，前提是大家一定要相当专注。大家很容易就会在网站上添加多余内容。主题网站的目标是出现在特定关键词的搜索结果中。填充太多与主题无关的内容不利于实现该目的。

主题网站的工作原理

主题网站主要有两个目的：争取谷歌排名和达成交易。搜索"新港滩最佳千层面"肯定没有多少结果，但如果大家刚好在新港滩里或者新港滩附近经营一家意大利餐厅，那么肯定希望自己出现在该词条的搜索结果首位。通常来说，只有全国性的大型网站才能在这类关键词的搜索结果中占据有利位置，例如 Yelp 和猫途鹰。我们的一级网站几乎没有可能在该关键词中占据有利位置，而且一级网站也无法吸引足够的流量来实现搜索引擎优化，所以竞争排名的可能性微乎其微，但是主题网站却可以快速做到。

如果大家能够花些心思构建并定期维护主题网站，就会逐渐发现自己的名字出现在各个关键词搜索中。不管达成业务需要的是线索、直接销售还是通过提高品牌知名度和曝光度将客户吸引到店里来，有些搜索关键词就是不适合一级网站锁定，因此主题网站就成了绝佳选择。

主题网站的功能并不仅限于查缺补漏。不要以为一级网站在某些关键词排名中表现不错，就觉得不用建立专门的主题网站。要知道如果结果页面第一名是贵公司一级网站，第二名是贵公司主题网站，那么首页上的其他结果都要下降一名，而首页底部的竞争者就顺延到了第二页，即无人问津的"搜索荒地"。

如何创建主题网站

以 2015 款本田雅阁主题网站为例。首先，我们需要一个具体的域名，例如 2015hondaaccordnewjersey.com。网站标题必须非常明确："新泽西州 2015 款本田雅阁特价出售"。

网站内容必须风格独特，而且要与本田雅阁和新泽西州高度契合。此外，内容还必须符合搜索引擎优化的"语调"。内容自然流畅，不要复制和粘贴互联网上其他网站的内容。

市面上有很多可供使用的平台。如果大家运行博客用的是WordPress，那么用它搭建其他网站也会觉得得心应手。WordPress有很多预先构建好的主题，可供用户随意选用。

如果大家聘请了专业网站开发员，那么就可以委托他们构建一个与一级网站相似的模板，我们只需用新内容替换旧内容就行了。这样，我们每月都能构建好几个新的主题网站。

特殊提醒

利用主题网站进行营销与构建垃圾网站之间的界线并非十分明显。因此，如果大家有能力构建大量主题网站，就完全没必要用大量垃圾网站扰乱市场。与其随意构建几十个或者几百个起不了作用的垃圾网站，倒不如专心经营一两个有价值的主题网站，这样才能提升网站排名，带来商机。

将一级网站反向链接到主题网站完全没有问题，但是不要把链接放在页脚或者侧边。网站所有链接都必须要嵌入到页面内容的文本之中，而非全都挤在页面底部或者侧边。谷歌会将来自某一域名的重复链接视作堆砌链接。

正确使用二级网站

本章清晰地阐明了4种主要二级网站的使用方式。如果带宽足够，大家完全可以放手去做，把所有网站都搞得有声有色。如果贵公司带宽有限，那么做事务必要有选择性。大家完全可以忽略其中一两种二级网站，专注于将其他几类做大做强。贪多求广只会分散大家的精力，到头来竹篮打水一场空。

无论如何都要坚持质量为重的原则。从某种程度上说，二级网站是数量的比拼，但仍要兼顾质量。虽然大家建了很多网站，但用户可能一个都不买账。有精力就去做，没有精力则不如等到时机成熟再去做。

本书提到的网站宣传策略也适用于二级网站。使用功能强大的站内搜索引擎优化原则，拓展链接，在社交媒体分享网站。跟一级网站一样，二级网站也需要进行合理搜索引擎优化才能正常运转。

最后，不要让二级网站分散我们花在一级网站上的心思。二级网站并非必须。如果一级网站都没管好，搜索排名不佳，那么大家就不应该把时间和精力花在二级网站上。把一级网站的功能发挥到极致，占领所有可能的关键词，再来考虑二级网站也不迟。

本书内容很多，信息量很大，但这已经是反复精简之后的结果。我想让大家了解赢得谷歌大富翁游戏的诀窍。我在高级数字营销行业已经打拼了超过15年，但据我观察，市面上关于谷歌、搜索引擎优化、社交媒体、在线形象以及其他方面的系统教育和认证系统几乎还是空白。从大学教育层面来说，学校甚至没有开设相关的课程；已有课程或学位设置的学校也远远不够，因为学生毕业之后会发现几乎所有课程训练都与实际情况毫不相关或者过时已久（世界变化太快）。此外，我在书中所讲的每种策略市面上都鲜有培训。按照本书方法将谷歌大富翁游戏拆解开来，制定协同策略的人也为数不多。基本上，大家很难在别处找到类似的训练与实施策略。

以下为本书主要内容的回顾。

- 曝光为王。大家的身份与所从事的行业都不重要，我们可以是个人、公司、产品、服务或者品牌。任何营销都需要曝光度来培养粉丝基础，树立产品形象，推销自己、推销产品或推销服务。
- 增加曝光的机会有很多，但很多事物会分散我们的精力。最有效的方法就是通过互联网提高曝光度。
- 参与互联网营销和互联网广告的途径有很多，本书以最有影响力的平台为例。
- 我们需要清楚地了解谷歌的需求，明白谷歌首页的整体布局。
- 第3章介绍了谷歌大富翁游戏策略。实际上，只有5%的人会看谷歌首页以外的内容。我们的目标是尽可能在谷歌首页上刷存在感，因此需要叠加使用各类资源来主导谷歌搜索算法。
- 谷歌大富翁游戏元素：
  - （站内搜索引擎优化）网站和传统搜索引擎优化原则；

- 深入全面解析谷歌算法的寻找目标：

    *统一资源定位符/域名；

    *标题标签；

    *题目标签（H1，H2，H3等。）；

    *元描述（描述）；

    *Alt标签；

    *内容；

    *链接；

    *策略/主题。

- 视频与视频搜索引擎优化：

    *技术/资源；

    *YouTube和视频搜索引擎；

    *优化视频实现主导谷歌首页；

    *同步；

    *补充上传。

- 社交媒体对抗和社交媒体优化：

    *社交媒体与社交媒体优化；

    *社交信号；

    *社交网络。

- 移动和移动优化：

    *移动策略对谷歌和未来搜索引擎优化的重要性；

    *移动宣传方案种类；

    *移动搜索引擎优化。

- 在线形象与形象优化：

    *形象与评价对谷歌的重要性；

    *谷歌零关键时刻；

    *在线形象/评价网站，如谷歌评价、萨加特、Yelp等。

- 在线名誉优化；

- 如何优化评价才能实现谷歌大富翁游戏策略；

- 二级网站；

- 必要性何在；

- 怎样合理优化二级网站；

- 何为二级网站策略（来巩固谷歌资产）：
  * 博客；
  * 主题网站；
  * 顾客回馈网站；
  * 微网站等。

读完本书，大家需要从头开始，利用上述清单来推广品牌或业务。

充分利用书中一两个策略宣传贵公司业务或品牌就能大获成功，拥有竞争对手不具备的优势。如果大家能够仔细阅读并合理利用本书全部内容，就能最终赢得谷歌大富翁游戏策略，全面碾压竞争对手！

第11章 展望搜索的未来

WIN THE GAME OF GOOGLEOPOLY

我希望本书成为关于数字营销、搜索引擎尤其是关于谷歌的最权威的图书，所以写作本书时我虚心向同僚请教，他们要么是美国最棒的搜索引擎专家，要么是顶尖的数字营销大师。实际上，我的网络客户每年都会获得数十亿美元的收益。在图书写作过程中，我尽量使用最客观的策略和最佳的例证，将我掌握的所有诀窍都倾囊相授。

搜索引擎优化正快速成为当代企业营销和通信领域的重要战略元素。曾几何时，搜索优化不过是激进强势营销人员为了履行责任，单纯为提升基础关键词排名而采取的行动。当今世界充斥着搜索引擎曝光，不管身处哪个行业都无处躲藏。我们宣传的对象可能是人、公司，还可能是品牌，不过这些都不重要。当今世界信息爆炸，到处都充斥着刺激，因此所有人都需要提高曝光度。搜索引擎优化正快速成为当代企业营销和通讯领域的重要战略元素。

当前，整合搜索行为涉及多个学科、策略和部门，公共关系、产品营销、文案撰写，甚至网络开发都与成功的搜索营销策略有关。

我们正经历着谷歌革命性的转变，即从链接的网络变为用户的网络。互联网上有的最新内容都是用户生成的（社交），有利于帮助实用可信的内容创造新机会。通过链接社交关系并对其排序，谷歌正不辞辛苦地为搜索引擎结果增加新层次的内容。这将有助于开启一个新时代，即陌生人之间相互信任，在互联网上寻找最重要信息的时代。

移动设备的发展也是促成人们行为改变的重要因

素。移动设备通过引入新的方法，将即时满足与明智决策提升到了新的高度，拓展了消费范围，例如将下意识消费延伸到了理性消费。谷歌也愈发认识到提供最精确有用本地搜索结果的重要性。

本地目录优化是营销目录中最受重视的元素，正迅速成为联系用户、挖掘客户的最有效的方法。本地引用既能满足技术需求，又能满足社交需求，具有立竿见影的正面效果。固定的商户名称、地址和电话至关重要。其他关键元素，诸如商户类型、商户新图片以及正面评价，不仅有助于形成新的客户行动，还能为谷歌创建本地搜索权威，提供苦寻不得的特定信息。

转变的最终部分就是谷歌可以理解单词之间的关系，甚至能理解网站页面上的内容。谷歌的单词理解能力正逐渐推动着语义网络时代的到来。因此，互联网能在用户搜索答案和结果时提供更为精确的结果。这一变革能够推动新一轮营销策略的整合。此前，内部媒介部门的功能还停留于创造丰富的内容，现在看来其实远不止于此。

谷歌最大的搜索引擎更新是蜂鸟，但这也只是谷歌理解网页内容能力与特定意图结果匹配能力的冰山一角。与普通平庸的营销内容相比，谷歌已经开发出了对话搜索，能为用户打造更好的体验。我们接收到的内容将变得真正有益，因为个性化特征将会异常凸显，而低效无关的内容则将被删除。

互联网每天都会增加新鲜的社交内容。随着对话内容、有影响力内容和可信内容的引入，我们又掌握了另一重要元素。

这对未来的搜索引擎优化又意味着什么？

搜索引擎只要存在一天，就要对搜索结果进行分类、排名并为用户提供内容，目的就是给谷歌用户群体提供更好、更值得信任的用户体验，不过方式方法仍有改善的空间。与此同时，我们还应考虑到设备的变化，并在搜索结果中添加更多的个人元素。

第一个与我交谈的专家埃里克·米尔奇（Eric Miltsch）曾说，很多因素都推动了搜索生态系统的变革。以下为他的言论：

自然语言搜索行为会继续增长和改善，促使用户在搜索问题答案时渴望更专业、更权威和更可靠的回答。谷歌将通过机器可读数据理解内容的能力和语义网络技术推动这一改变。

随着与社交内容连接日益紧密，理解文本内容的能力也在不断增强，谷歌必定能为用户提供更好、更为个性化的搜索结果。这将有利于加快营销信息与用户直接意图之间的沟通。人们的特殊需求和渴望将被直接满足，决策制定过程更为迅速。

主题模型将代替关键词、关键短语与单独排名成为新的关注点，因为谷歌的目的是为搜索需求提供更为精准的答案。

不断发展的最佳搜索引擎优化行为还包括更加激进的网络拓展和技术能力，尤其是移动速度表现和高效网站结构。改善用户体验不仅包括内容的改善，还包括根据谷歌的建议提供技术改进。

以下为J.D. 拉克（J.D. Rucker）的意见：

过去的10年中，搜索领域如同一潭死水。如今，技术发生了重大革新，搜索引擎已经能够辨别大部分垃圾信息。现在谷歌正致力于重塑下一个10年的搜索。

谷歌拥有大量必需信息。它们要做的只是教导计算机理解人类。于是，投资量子计算成了最佳解决方案。也就是说在未来，个性化搜索可能比我们自己更了解自己。谷歌将有能力根据收集到的个人信息以及外界资源为用户做出推荐。例如，用户喜欢去别人口中菜品过咸的餐厅，那么无须多说，谷歌也知道用户喜欢偏咸的食物。这时，我们不再需要跟移动设备说"带我去麦当劳"或者"带我去意大利餐厅"。相反，我们只需要说："带我去我喜欢的餐厅"即可。

不只这样，10年之内我们就会看到搜索将变成一种直接知识，而非单纯的搜索工具。能够见证这样的时代的到来，实在是令人激动。

我特地咨询了国际知名的搜索引擎优化专家兰德·费舍金："公司和个人若想实现成功的搜索引擎优化，尤其是主导谷歌，需要关注什么重要机会（或者事情）呢？"除了本书所讲述的内容，兰德还提到了以下内容：

人们都有自己的专业特长和知识储备，应该专注于此。谷歌喜欢而且是非常喜欢风格独特、高度相关的内容。因此，人们应当关注自己最了解和最擅长的内容，相应地在不同平台上打造多样化内容（谷歌大富翁游戏策略）。

Wikimotive的蒂姆·马特尔（Tim Martell）进一步强调内容独特相关还不够，令人印象深刻才是终极目标！这意味着大家创建的内容必须令人印象深刻，刺激用户采取行动或者产生体验冲动。蒂姆说，这才是谷歌想要的。

兰德·费舍金和迈克尔·西里洛（Michael Cirillo）都预测谷歌将会进一步提升知识图谱搜索功能。尤其是谷歌正努力通过知识图谱提供最重要和搜索量最大的信息——不仅能够提供信息还能提供实时资源与功能。这将免除搜索用户点击网站获取信息的麻烦。根据用户搜索内容的不同，知识图谱将使获取信息变得异常容易。

具体来说，他们认为知识图谱会朝以下趋势发展：

- 更广泛；
- 提供各方竞争竞价；
- 提供不同的餐厅和酒店选择及预订服务；
- 提供"其他同类用户的搜索内容"；
- 提供不同汽车车型；
- 提供电影放映时间及购票服务。

以下为克里斯蒂安·乔恩（Christiam Jorn）对非付费搜索未来的看法：

> 过去的5年里，我们见证了谷歌彻底转变商业模式的过程。一开始，谷歌只是一个公正的流量引导平台，后来则转变成完全的目的性网站。我觉得这一趋势还会进一步发展。谷歌不是慈善机构，股东要的是增长。谷歌想要满足股东需求的唯一可行方式就是开拓新的领域，改变意识形态。2004年，谷歌公开上市时拉里·佩奇说，他希望搜索引擎用户能够"尽快跳出谷歌，到达正确地点"。
>
> 现在唯一的"正确地点"就是谷歌资产。谷歌会继续吞噬整个行业，就像它先前对在线旅行和在线预订以及航空公司所采取的行动一样。谷歌将机会视为"可增加的价值"，将一切事物都视为商品。这些大型行业曾是谷歌最大的广告商，很大程度上成就了谷歌的商业神话，如今却取而代之在谷歌体系中运行得很好。唯一的问题就是该方法能否长久实行？我个人不敢苟同。

我相信谷歌仍会继续向前发展，提供更快、更精准的搜索结果。我相信谷歌会利用一切可用资源，例如社交媒体、本地化、个性化、排名和评价来"思考"如何才能为用户提供最佳搜索反馈而非泛泛的结果。例如，我相信谷歌能够认识（记录）个人的好恶，甚至能够鉴别其朋友的好恶。谷歌能够看到人们搜索的事物类型，人们在Facebook或Foursquare的签到地点类型。我也预测谷歌会进一步优化知识图谱，完善其功能并提高实时互动。

谷歌会合并深层次的细节，这样人们在搜索内容时就能反馈更具体、更相关的内容了，即通过知识图谱显示更为全面的结果。这只是刚刚开始！

笔者有幸得到中国人民大学出版社的垂青，受托翻译《热搜：搜索排名营销大揭秘》一书。经过多半年的潜心修炼，笔者顺利完成了全书的翻译。回顾翻译经历，感慨颇多，遂写下本文，聊以叙述个人感悟。

最开始看到本书提到"谷歌大富翁游戏策略"一词，笔者心中不免有些疑惑，何为谷歌大富翁游戏，翻遍字典也不见释义。粗略看完本书才发现原来是原作者将谷歌与大富翁游戏进行了组合，创造出的新说法。作者将谷歌当作大富翁游戏的棋盘，不同的营销手段或营销关键词则是游戏中的财产与筹码，只有不断提升营销质量才能最终赢得谷歌的这盘大富翁游戏。这样看来，谷歌大富翁这一新名词倒也十分贴切。

本书原作者肖恩·V. 布拉德利在汽车营销领域成就斐然，不仅成立了多家公司，还受邀成为各大汽车供应商的座上宾，为其员工进行营销培训。《热搜：搜索排名营销大揭秘》一书算得上是营销实战派在汽车销售领域多年的心血结晶，其内容的丰富性和实用性不言而喻。笔者认为本书最大的特点就是逻辑严密，内容翔实，案例丰富。首先，作者对书籍内容进行了精心编排，即先为读者科普何为搜索引擎优化，何为谷歌大富翁游戏。随后，作者又对搜索引擎优化中的各个环节进行了事无巨细的描述，例如关键词的选择，视频内容的优化，社交媒体平台的经营等。非学院派出身的作者利用自己多年的从业经历，为读者勾勒了从入门到成为营销大师的全过程。读完此书，有志于营销行业的同仁，尤其是营销新人一定会获益颇丰。

WIN THE GAME OF GOOGLEOPOLY

译者后记

在本书的翻译过程中，笔者受到了很多人的无私帮助。首先，我要感谢书中所提到的吉姆·齐格勒先生的帮助。笔者在翻译其绰号时遇到障碍，遂向其求助，很快就在领英上得到了齐格勒先生的回复，他不仅详细解释了自己绰号的由来，还发来自己与妻子的甜蜜合照。原来其绰号不仅指他因为在演讲营销领域的突出成就被大家尊称为"带头大哥"，还有其他文化背景和渊源。齐格勒先生住在乔治亚州，牛头犬刚好是乔治亚大学橄榄球队的吉祥物，球队粉丝戏称自己为"Dawg"，在英文中与"狗"同音。大家将齐格勒先生与钟爱的橄榄球队联系起来，更增加了朋友之间的亲密与尊敬。若不是得到齐格勒先生的亲口回答，笔者肯定无法理解这个看似不起眼的绰号背后的深刻寓意。

此外，笔者还要感谢北京航空航天大学的吴文忠教授、胥国红教授、王晨爽老师多年来对笔者的谆谆教诲，若无各位老师的帮助，笔者也不会对翻译产生浓厚的兴趣，更不会将翻译作为自己的终身事业与毕生追求。感谢高瑞霞、魏伟、谢琳、朱文佳、赵晓玮、肖凤霞、苟丽、陈天华等人在翻译过程中对本人的帮助。最后，感谢中国人民大学出版社编辑为书稿校对与编辑做出的努力，没有图书编辑的努力就没有呈现在各位读者面前的图书成品。

书籍是人类进步的阶梯。因此，笔者深知图书翻译的责任之重大。笔者在书稿翻译中字斟句酌，反复推敲，广泛求助，唯恐有所疏漏。怎奈水平有限，虽潜心翻译，不敢怠慢分毫，仍难免有不妥之处，敬请广大读者不吝指教。

孙焕君

Win the Game of Googleopoly: Unlocking the Secret Strategy of Search Engines.

ISBN: 978-1-119-11258-1.

Copyright ©2015 by Sean V. Bradley.

Simplified Chinese version © 2018 by China Renmin University Press.

Authorized translation from the English language edition published by John Wiley & Sons Inc., responsibility for the accuracy of the translation rests solely with China Renmin University Press Co., and is not the responsibility of John Wiley & Sons Inc.

No part of this publication may be reproduced in any form without the written permission of John Wiley & Sons Limited.

All Rights Reserved. This translation published under license, copies of this book sold without a Wiley sticker on the cover are unauthorized and illegal.

本书中文简体字版由约翰•威立父子公司授权中国人民大学出版社在全球范围内独家出版发行。未经出版者书面许可，不得以任何方式抄袭、复制或节录本书中的任何部分。

本书封面贴有Wiley激光防伪标签。

无标签者不得出售。

版权所有，侵权必究。

北京阅想时代文化发展有限责任公司为中国人民大学出版社有限公司下属的商业新知事业部，致力于经管类优秀出版物（外版书为主）的策划及出版，主要涉及经济管理、金融、投资理财、心理学、成功励志、生活等出版领域，下设"阅想·商业""阅想·财富""阅想·新知""阅想·心理""阅想·生活"以及"阅想·人文"等多条产品线。致力于为国内商业人士提供涵盖先进、前沿的管理理念和思想的专业类图书和趋势类图书，同时也为满足商业人士的内心诉求，打造一系列提倡心理和生活健康的心理学图书和生活管理类图书。

阅想·财富

《对话最伟大的头脑：世界顶级 CEO 的工作智慧》

- 当今最受敬重的获奖财经记者之一、彭博电视台金牌主播、深受华尔街人士喜爱的《遇见大咖》（*In the Loop*）节目主持人贝蒂·刘真诚力作。
- 近距离采访如沃伦·巴菲特、埃隆·马斯克、马克·扎克伯格等世界知名亿万富豪、CEO、政治家和名人。
- 深刻揭示到底是什么决定了一个人的成功。

《共享经济商业模式：重新定义商业的未来》

- 本书作者是欧洲最大的共享企业 JustPark 的 CEO，他首次从共享经济各个层面的参与者角度、全方位深度解析了人人参与的协同消费，探究了共享经济商业模式的发展历程及未来走向。
- 共享经济是一种怎样的商业模式？我们为什么要共享？投资者如何看待共享？传统企业如何融入其中分得一杯羹？政府应该如何监管？未来如何共享？共享型企业的创始人现身说法，告诉我们建立共享企业的经验教训有哪些。对于任何有意创建或投资协作消费企业的人来说，本书都给出了重要的建议。

《自媒体时代，我们该如何做营销》

（"商业与可视化"系列）

- 美国营销怪杰、《纽约时报》超级畅销书作者。亚马逊营销类图书排名第一。
- 第一本将营销技巧可视化的图书，被誉为"中小微企业营销圣经"，亚马逊 2008 年年度十大商业创业书《自媒体时代，我们该如何做营销》可视化版。

《白板式销售：视觉时代的颠覆性演示》

- 解放你的销售团队，让他们不再依赖那些让人昏昏欲睡的 PPT。
- 将信息和销售方式转换成强大的视觉图像，吸引客户参与销售全称。
- 提升职业形象，华丽转身，成为客户信赖的资深顾问和意见领袖。

《颠覆传统的 101 项商业实验》

- 101 项来自各领域惊人的科学实验将世界一流的研究与商业完美结合，汇集成当今世上最绝妙的商业理念。
- 彻底颠覆你对商业的看法，挑战你的商业思维底线。
- 教会你如何做才能弥补理论知识与商业时间之间的差距，从而树立正确的商业理念。

《如何开发一个好产品：精益产品开发实战手册》
- 风靡全球的精益产品开发理念。
- Facebook、微软等世界知名公司的产品培训讲师倾情之作。
- 硅谷精益产品开发领域明星人物为你全面解析如何开发与市场适配的爆款产品。

《敏捷销售：从菜鸟到顶级销售的精进训练》
- 18项获取销售信息的关键须知、18项关键必备的销售技巧、销售人士的18个成功习惯。
- 美国新一代销售大师直击销售痛点，快速、精准、专业地为销售人员把脉、手把手教你迅速提升销售力，助你成为新一代销售大师。